ein Ullstein Buch

Ullstein Buch Nr. 3648
im Verlag Ullstein GmbH,
Frankfurt/M — Berlin — Wien
Titel der englischen Ausgabe:
Freedom from the known
Übersetzt von Erich Schmidt

Deutsche Erstausgabe

Umschlagentwurf: Jürgen Riebling
Foto: Cecil Beaton

Printed in Germany 1978
Gesamtherstellung:
Augsburger Druck- und
Verlagshaus GmbH
ISBN 3 548 03648 1

Jiddu Krishnamurti

Einbruch in die Freiheit

Herausgegeben von
Mary Lutyens

ein Ullstein Buch

Dieses Buch ist auf Anregung und mit Genehmigung Krishnamurtis geschrieben worden. Der Text wurde aus einer Anzahl seiner letzten Reden (in Englisch), die er vor Zuhörern in verschiedenen Teilen der Welt gehalten hat, ausgewählt; es handelt sich um Bandaufnahmen, deren Texte zuvor nicht veröffentlicht wurden. Für die Auswahl und Reihenfolge trage ich die Verantwortung.

M. L.

Inhalt

sein — In der Meditation wird der Mensch seiner Vergangenheit ledig

102 Religiöse Revolution — Leidenschaft

Wir haben durch unser Tun den chaotischen Zustand der Welt verursacht — Der einzelne muß beginnen — Der religiöse Mensch hat keinen Glauben — Alles Tun, alles Leben ist Energie — Reibungen verschwenden Energie — Unsere Voreingenommenheit aufzuheben ist das einzige Problem — Ohne Leidenschaft finden wir nicht zur Wahrheit

Vorwort

Krishnamurti wurde 1895 als achter Sohn einer Brahmanenfamilie in Indien geboren. Sein Name ist von Shri Krishna abgeleitet, einer göttlichen Inkarnation des Hinduglaubens. Krishna war selbst der ACHTGEBORENE seiner Eltern.

Krishnamurti kam schon sehr jung nach Adyar, dem Hauptsitz der Theosophischen Gesellschaft. Er wurde dort im theosophischen Sinne erzogen. Seine persönliche Ausstrahlung und sein verhaltenes Wesen beeindruckten seine Lehrmeister so stark, daß sie bereits 1911 für ihn den »ORDER of the STAR of the EAST« gründeten und den Sechzehnjährigen zum Haupt dieses Ordens machten.

Die Jahre vergingen für ihn lernend, reisend, lehrend bis zu jenen Tagen der Stille, da eine innere Verwandlung ihn von jeder Bindung löste und er folgerichtig den Orden am 3. August 1929 auflöste. Es war für die Theosophen ein Erdrutsch, eine Katastrophe. Was sie in Jahren in begeisterter Hoffnung aufgebaut hatten, brach mit einem Schlag zusammen. Welche gewaltigen Kräfte müssen Krishnamurti zu diesem Schritt bewogen haben und welche Erkenntnis und tiefe Einsicht muß dieser Entscheidung vorausgegangen sein.

Er verkündete damals der Welt, daß die Wahrheit ein pfadloses Land sei, grenzenlos, dem man sich nicht durch irgendeine festgelegte Religion nähern kann. »Mein einziges Interesse«, so sagte er, »besteht darin, den Menschen absolut, unbedingt frei zu machen«. Damit war das Grundthema angeschlagen. Seit jenem Tage bereist Krishnamurti unermüdlich den Erdball und spricht zu den Menschen aller Nationen. Es ist sein leidenschaftlicher Wunsch, den Menschen zu dieser inneren Freiheit zu verhelfen. Er findet für dieses ewige Thema immer neue Formulierungen, mit denen er die grenzenlose Fülle des Lebens von vielen Seiten beleuchtet.

Der Mensch und die Welt

Der Mensch hat zu allen Zeiten etwas gesucht, das über ihn und sein materielles Wohl hinaus geht — etwas, das wir Wahrheit oder Gott oder Realität nennen, einen zeitlosen Zustand — etwas, das nicht durch Umstände, durch Gedanken oder durch menschliche Verderbtheit beeinträchtigt werden kann.

Der Mensch hat ständig die Frage gestellt: Worum geht es eigentlich? Hat das Leben überhaupt einen Sinn? Er hat die heillose Unordnung des Lebens vor Augen, die Rohheiten, die Revolten, die Kriege, die religiösen, ideologischen und nationalen Spaltungen, die nie aufhören, und mit einem Gefühl tiefer Enttäuschung fragt er, was er tun soll, was denn das ist, was wir Leben nennen, und ob es etwas gibt, das darüber hinaus geht.

Und da er dieses Unbeschreibliche, das tausend Namen trägt und das er immer gesucht hat, nicht finden konnte, hat er den Glauben entwickelt — den Glauben an einen Erlöser oder an ein Ideal —, und jeder Glaube erzeugt unabänderlich Gewaltsamkeit.

In diesem ständigen Kampf, den wir Leben nennen, versuchen wir einen Kodex des Verhaltens aufzustellen, der der Gesellschaft entspricht, in der wir aufgewachsen sind, ganz gleich, ob es sich dabei um eine kommunistische oder sogenannte freie Gesellschaft handelt. Wir akzeptieren eine genormte Lebenshaltung als Bestandteil einer Tradition, der wir als Hindus, Moslems oder Christen oder was wir sonst zufällig sein mögen, angehören. Wir schauen nach jemandem aus, der uns sagt, was rechtes oder falsches Betragen, was rechtes oder falsches Denken ist, und indem wir uns nach dieser Norm ausrichten, wird unser Verhalten, unser Denken mechanisch, werden unsere Reaktionen automatisch. Wir können das sehr leicht an uns beobachten.

Seit Jahrhunderten sind wir durch unsere Lehrer, durch unsere Autoritäten, durch unsere Bücher und unsere Heiligen gegängelt worden. Wir erwarten, daß sie uns alles offenbaren, was hinter den Hügeln, den Bergen und der Erde liegt. Und wir sind mit ihrer Darstellung zufrieden, das bedeutet, daß wir von Worten leben und unser Leben hohl und leer ist. Wir sind Menschen aus zweiter Hand. Wir haben von dem gezehrt, was man uns gesagt hat, und ließen uns entweder durch unsere Neigungen und Absichten leiten oder durch das, was uns durch die Umstände und die Umwelt aufgezwungen wurde. Wir sind das Resultat aller möglichen Einflüsse. In uns ist nichts Neues, nichts, das wir selbst entdeckt haben, nichts Ursprüngliches, Urtümliches, Leuchtendes.

Während der ganzen theologischen Vergangenheit ist uns von religiösen Lehrern versichert worden, daß wir, wenn wir bestimmte Riten verrichten, bestimmte Gebete oder Mantras wiederholen, uns gewissen Normen anpassen, unsere Wünsche unterdrücken, unsere Gedanken kontrollieren, unsere Leidenschaften sublimieren, unsere Triebe eindämmen und uns sexueller Ausschweifungen enthalten, daß wir — wenn Geist und Körper ausreichend gefoltert sind — dann etwas jenseits dieses bedeutungslosen Lebens finden werden. Und das haben Millionen sogenannter religiöser Menschen Jahrhunderte hindurch getan, entweder in der Abgeschiedenheit, indem sie in die Wüste oder in die Berge oder in eine Höhle gingen oder mit der Bettelschale von Dorf zu Dorf wanderten oder sich in einem Kloster als Gruppe zusammenfanden und ihren Geist zwangen, sich einem festgelegten Vorbild anzupassen. Aber ein gequälter Mensch mit einem zerbrochenen Geist, ein Mensch, der diesem ganzen Tumult zu entrinnen trachtet, der der äußeren Welt entsagt hat und durch Disziplin und Anpassung abgestumpft wurde, solch ein Mensch, wie lange er auch suchen mag, wird nur finden, was seinem irregeleiteten Geist entspricht.

Um nun zu entdecken, ob es tatsächlich etwas jenseits dieses unruhigen, schuldvollen, furchterfüllten, ehrgeizigen Daseins gibt oder nicht, scheint es mir, daß man einen ganz anderen Weg gehen muß. Nach der traditionellen Einstellung geht man von der Peripherie nach innen, um im Laufe der Zeit durch Übung und Verzicht allmählich zu jenem inneren Erblühen, jener inneren Schönheit und Liebe zu kommen — in Wirklichkeit aber tut man alles, um engherzig, unbedeutend und minderwertig zu werden. Man löst Schicht um Schicht ab, man läßt sich Zeit, man erwartet alles vom Morgen, vom nächsten Leben — und wenn man schließlich zum Zentrum gelangt, entdeckt man, daß dort nichts ist, weil unser Geist unfähig, stumpf und unempfindlich gemacht worden ist.

Wenn man diesen Prozeß wahrgenommen hat, fragt man sich, ob es nicht einen ganz anderen Weg gibt, ob es nicht möglich ist, vom Zentrum her durchzubrechen.

Die Welt akzeptiert den traditionellen Weg und folgt ihm. Die eigentliche Ursache der Unordnung in uns ist das Suchen nach einer Realität, die uns von einem anderen versprochen wurde. Wir folgen mechanisch dem, der uns ein wohltuendes spirituelles Leben zusichert. Es ist höchst seltsam, daß, obgleich wir uns der politischen Tyrannei und Diktatur widersetzen, wir innerlich die Autorität, die Tyrannei eines anderen hinnehmen, die unseren Geist und unser Leben verwirrt. Wenn wir nun jede sogenannte spirituelle Autorität mitsamt allen Zeremonien, Riten und Dogmen verwerfen, nicht intellektuell, sondern tatsächlich, bedeutet das, daß wir allein stehen und uns damit bereits in Konflikt mit der Gesellschaft befinden. Für die Gesellschaft hören wir auf, geachtete Menschen zu sein. Doch ein von der Gesellschaft geschätzter Mensch kann unmöglich dieser unendlichen, unermeßlichen Realität näherkommen.

Sie haben nun damit begonnen, etwas absolut Falsches zu verneinen, den traditionellen Weg. Doch wenn diese Ablehnung eine Reaktion ist, werden Sie eine andere Schablone geschaffen haben, in der Sie wie in einer Falle festgehalten werden. Wenn Ihnen Ihr Verstand sagt, daß diese Ablehnung ein guter Gedanke ist, Sie aber nichts daraus machen, kommen Sie nicht weiter. Wenn Sie das Falsche jedoch verneinen, weil Sie den Stumpfsinn, die Unreife der gesellschaftlichen Konvention verstehen, wenn Sie sie aus tiefer Einsicht verwerfen, weil Sie frei sind und sich nicht fürchten, werden Sie eine große Unruhe in sich und um sich hervorrufen; aber Sie werden aus der Falle konventioneller Ehrbarkeit herauskommen. Dann werden Sie entdecken, daß Sie nicht länger suchen.

Und das ist das erste, das zu lernen ist: nicht zu suchen! Solange Sie suchen, machen Sie nur einen Schaufensterbummel.

Die Frage, ob es einen Gott gibt oder die Wahrheit oder die Realität oder wie Sie es sonst benennen mögen, kann niemals durch Bücher, Priester, Philosophen oder Erlöser beantwortet werden. Niemand und nichts kann diese Frage beantworten als Sie selbst; und darum müssen Sie sich kennen. Wenn man sich selbst nicht kennt, ist man unreif; sich selbst zu verstehen, ist der Anfang der Weisheit.

Und was ist dieses Selbst, das individuelle Wesen? Ich glaube, es besteht ein Unterschied zwischen dem Menschen an sich und dem Individuum. Das Individuum ist örtlich gebunden, lebt in einem bestimmten Lande, gehört einer bestimmten Kultur, Gesellschaft und Religion an. Der Mensch als solcher ist jedoch keine lokal gebundene

Einheit. Er ist überall. Die Handlung des Individuums, das nur in einem begrenzten Winkel des weiten Lebensgebietes wirkt, ist ohne jede Beziehung zum Ganzen. Darum müssen wir daran denken, daß wir von dem Ganzen und nicht von einem Teil sprechen, weil sich im Größeren das Geringere findet, aber im Geringeren nicht das Größere. Das Individuum ist das unbedeutende, eingeengte, elende, enttäuschte Wesen, zufrieden mit seinen kleinen Göttern und seiner engen Tradition, während ein wahrer Mensch am Wohlergehen, dem Elend und der Verwirrung der ganzen Menschheit Anteil hat.

Wir Menschen sind geblieben, wie wir seit Millionen von Jahren waren — im höchsten Maße gierig, neidisch, aggressiv, eifersüchtig, ängstlich und verzweifelt, mit gelegentlichen Ausbrüchen der Freude und der Zuneigung. Wir sind eine seltsame Mischung von Haß, Furcht und Freundlichkeit. Wir sind gewalttätig und auch friedfertig. Der äußere Fortschritt hat uns vom Ochsenkarren bis zum Düsenflugzeug geführt; aber innerlich hat sich das Individuum überhaupt nicht geändert, und dieses Individuum hat die Struktur der Gesellschaft in der ganzen Welt geschaffen. Das äußere soziale Gefüge ist das Ergebnis der inneren psychologischen Struktur unserer menschlichen Beziehungen, denn das Individuum ist das Resultat der gesamten Erfahrungen, des gesamten Wissens und Verhaltens des Menschen. Jeder von uns ist das Lagerhaus der ganzen Vergangenheit. Das Individuum ist das Wesen, das die ganze Menschheit in sich trägt. Die gesamte Geschichte des Menschen ist in uns niedergeschrieben.

Beobachten Sie, was sich wirklich in Ihnen und in der Außenwelt abspielt — in dieser Wettbewerbskultur, in der Sie leben, mit ihrem Verlangen nach Macht, Position, Einfluß, Namen, Erfolg und allem Drum und Dran. Betrachten Sie die Leistungen, auf die Sie so stolz sind, den ganzen Bereich, den Sie Leben nennen, in dem alle Beziehungen voller Konflikte sind, die Haß, Widerstreit, Brutalität und endlose Kriege erzeugen. Dieser Bereich, dieses Leben ist alles, was wir kennen, und da wir unfähig sind, den gewaltigen Daseinskampf zu begreifen, fürchten wir uns natürlich davor und spüren die verborgensten Möglichkeiten auf, um zu entrinnen. Wir fürchten uns auch vor dem Unbekannten, fürchten uns vor dem Tode, fürchten uns vor dem, was hinter dem Morgen liegt. Wir fürchten uns vor dem Bekannten und fürchten uns vor dem Unbekannten. Das ist unser tägliches Leben, in dem es keine Hoffnung gibt. Darum ist jede Philosophie, sind theologische Begriffe jeder Art nur eine Flucht vor der eigentlichen Wirklichkeit, vor dem, was ist.

Alle äußeren Veränderungen, die durch Kriege, Revolutionen, Reformationen, Gesetze und Ideologien veranlaßt wurden, haben es nicht vermocht, die Natur des Menschen und damit die Gesellschaft grundlegend zu verwandeln. Als menschliche Wesen, die in dieser monströs häßlichen Welt leben, müssen wir uns fragen, ob diese Gesellschaft, die auf Wettbewerb, Brutalität und Furcht gegründet ist, zu einem Ende kommen kann — nicht in der begrifflichen Vorstellung, nicht als eine Hoffnung, sondern in Wirklichkeit, so daß der Geist frisch, neu und unschuldig ist und eine gänzlich andere Welt hervorbringen kann. Ich glaube, das kann nur geschehen, wenn jeder von uns die wesentlichste Tatsache anerkennt, daß wir als Individuen, als menschliche Wesen, in welchem Teil der Welt wir auch zufällig leben oder welcher Kultur wir auch zufällig angehören mögen, voll und ganz für den Gesamtzustand der Welt verantwortlich sind.

Jeder von uns ist für jeden Krieg verantwortlich, denn unser Leben ist voller Aggressivität; wir haben unseren Nationalismus, wir sind voller Selbstsucht, haben unsere Götter, unsere Vorurteile, unsere Ideale — und das alles trennt uns voneinander. Und nur, wenn wir klar erkennen — nicht intellektuell, sondern so wirklich, wie wir unseren Hunger oder unsere Schmerzen empfinden — daß Sie und ich für das bestehende Chaos verantwortlich sind, für das Elend in der ganzen Welt — denn wir haben durch unser tägliches Leben dazu beigetragen und sind Teil dieser monströsen Gesellschaft mit ihren Kriegen, Einteilungen, ihrer Häßlichkeit, Brutalität und Gier —, nur dann werden wir wirklich handeln.

Aber was kann ein Mensch tun, was können Sie und ich tun, um eine völlig andere Welt aufzubauen?

Wir stellen uns damit eine sehr ernst zu nehmende Frage. Kann überhaupt etwas getan werden? Was können wir tun? Wird es uns jemand sagen?

Man hat es uns gesagt. Die sogenannten spirituellen Führer, von denen man annimmt, daß sie diese Dinge besser verstehen als wir, haben es uns gesagt, indem sie versuchten, uns in eine neue Schablone hineinzubiegen und hineinzupressen, und das hat uns nicht sehr weit gebracht. Weltkluge und gelehrte Männer haben es uns gesagt, und das hat uns auch nicht weitergeführt. Uns wurde gesagt, daß alle Wege zur Wahrheit führen: der eine geht auf seinem Pfad als Hindu, ein anderer folgt seinem Pfad als Christ und wieder ein anderer als Moslem, und sie alle begegnen sich an derselben Tür, und das ist, wenn Sie es richtig betrachten, offensichtlich völlig unsinnig.

Zur Wahrheit führt kein Pfad, und darin liegt ihre Schönheit; die *Wahrheit* ist etwas Lebendiges. Eine tote Sache hat einen Pfad, der zu ihr führt, weil alles Tote statisch ist. Wenn Sie aber erkennen, daß die Wahrheit etwas Lebendiges ist, das in Bewegung ist, das keine bleibende Stätte hat, das in keinem Tempel, keiner Moschee oder Kirche zu finden ist, wohin Sie keine Religion, kein Lehrer, kein Philosoph führen kann — dann werden Sie auch erkennen, daß dieses Lebendige das ist, was Sie in Wirklichkeit selbst sind — Ihr Ärger, Ihre Rohheit, Ihre Heftigkeit, Ihre Verzweiflung, die Trübsal und das Leid, darin Sie leben. Im Verstehen all dieser Dinge liegt die Wahrheit; doch Sie können nur verstehen, wenn Sie wissen, wie Sie auf diese Dinge, die zu Ihrem Leben gehören, zu schauen haben. Und Sie können nicht von einer Ideologie aus schauen, nicht durch einen Schleier von Worten, nicht mit Hoffnungen und Ängsten.

Sie sehen also ein, daß Sie von niemandem abhängig sein dürfen. Es gibt keinen Führer, keinen Lehrer, keine Autorität. Es gibt nur Sie — Ihre Beziehung zu anderen und zur Welt —, nichts sonst ist da. Wenn Sie das erkennen, mögen Sie in tiefe Verzweiflung geraten, aus der Zynismus und Bitterkeit erwachsen. Doch wenn Sie der Tatsache ins Auge sehen, daß Sie und niemand sonst für die Welt und für sich selbst verantwortlich ist, für alles, was Sie denken, was Sie fühlen, wie Sie handeln, dann verschwindet alle Selbstbemitleidung. Normalerweise gedeihen wir dadurch, daß wir andere tadeln, was eine Form der Selbstbemitleidung ist.

Können Sie und ich nun ohne äußeren Einfluß, ohne jeden Zwang, ohne Furcht vor Bestrafung — können wir im Kern unseres Wesens eine totale Revolution, eine psychologische Umwandlung hervorbringen? Dann wären wir nicht länger brutal, heftig, wetteifernd, unruhig, furchtsam, gierig, neidisch und was sonst noch zu den Ausdrucksformen unserer Natur gehört, womit wir diese verrottete Gesellschaft aufgebaut haben, in der sich unser tägliches Leben abspielt.

Es ist wichtig, von Anfang an zu verstehen, daß ich keine Philosophie, kein theologisches Gebäude von Ideen oder Begriffen formuliere. Mir scheinen alle Ideologien äußerst töricht zu sein. Wichtig ist nicht eine Lebensphilosophie, sondern daß wir beobachten, was tatsächlich in unserem täglichen Leben geschieht — innen und außen. Wenn Sie genau beobachten, was vor sich geht und es prüfen, werden Sie sehen, daß alles auf einer verstandesmäßigen Vorstellung beruht. Der Verstand umfaßt aber nicht das Dasein in seinem ganzen Umfang; er ist ein Stück davon, und Bruchstücke, wie klug sie auch zusammengesetzt sein mögen, wie ehrwürdig und traditionell sie auch sein mögen, sind nur ein geringer Teil des Lebens, während wir uns mit seiner Ganzheit befassen müssen. Wenn wir sehen, was in der Welt vor sich geht, beginnen wir zu verstehen, daß es keinen äußeren und inneren Prozeß, sondern nur einen einheitlichen Prozeß gibt, eine alles umfassende Bewegung, wobei die innere Bewegung sich im Äußeren darstellt und die äußere wiederum auf das Innere zurückwirkt. Fähig zu sein, darauf hinzuschauen — das allein scheint mir notwendig zu sein; denn wenn wir wissen, wie zu schauen ist, dann wird alles ganz klar, und zum Hinsehen bedarf es keiner Philosophie, keines Lehrers, niemand braucht Ihnen zu sagen, wie Sie schauen sollen. Sie schauen eben.

Wenn Sie nun das ganze Bild vor Augen haben, es *wirklich* sehen — nicht nur sagen, daß Sie es sehen —, können Sie sich dann mühelos und spontan verwandeln? Das ist das eigentliche Problem. Ist es möglich, eine vollkommene Revolution in der Seele hervorzubringen?

Ich möchte wissen, wie Sie auf eine solche Frage reagieren. Sie mögen sagen, ›Ich wünsche mich nicht zu verändern‹, und die meisten Menschen wollen es auch nicht. Besonders diejenigen sind einer Veränderung abgeneigt, die in sozialer und wirtschaftlicher Hinsicht einigermaßen gesichert leben oder die an dogmatischen Vorstellungen festhalten oder bereit sind, sich und die Dinge so zu nehmen, wie sie sind, vielleicht in einer etwas abgewandelten Form. Mit diesen Leuten befassen wir uns nicht. Oder Sie mögen sich etwas subtiler ausdrücken: ›Es tut mir leid, es ist zu schwierig, es ist nichts für mich.‹ In diesem Falle haben Sie sich bereits blockiert und haben aufgehört zu forschen, und es wird zwecklos sein, weiterzugehen. Oder Sie mögen sonst noch sagen, ›Ich sehe die Notwendigkeit einer fundamentalen inneren Verwandlung ein, wie aber soll ich sie zustande bringen? Zeigen Sie mir bitte den Weg, verhelfen Sie mir dazu.‹ Wenn Sie so reden, dann hat das, womit Sie sich befassen, nichts mit wirklicher Verwandlung zu tun. Dann sind Sie nicht an einer grundlegenden Revolution interessiert; Sie suchen nur nach einer Methode, einem System, das Ihnen zur Verwandlung helfen soll.

Wenn ich töricht genug wäre, Ihnen ein System zu geben, und wenn Sie unklug genug wären, sich danach zu richten, würden Sie nur kopieren, nachahmen, sich anpassen, billigen. Wenn Sie das aber tun, haben Sie die Autorität eines anderen in sich aufgerichtet, und daraus entsteht der Konflikt zwischen Ihnen und der Autorität. Sie glauben, dieses oder jenes tun zu müssen, weil man es Ihnen gesagt hat, und doch sind Sie unfähig, es zu tun. Sie haben Ihre besonderen persönlichen Neigungen, Absichten und Nöte, die zu dem System, dem Sie glauben folgen zu müssen, im Gegensatz stehen, und daraus entwickelt sich folglich ein Widerspruch. So werden Sie ein zwiespältiges Leben zwischen der Ideologie des Systems und der Wirklichkeit Ihres täglichen Lebens führen. In dem Versuch, sich mit der Ideologie in Einklang zu bringen, unterdrücken Sie sich, während die eigentliche Wahrheit nicht in der Ideologie steckt, sondern in dem, was Sie tatsächlich sind. Wenn Sie versuchen sich zu erforschen und sich dabei nach einem anderen ausrichten, werden Sie immer ein Mensch bleiben, der aus zweiter Hand lebt.

Ein Mensch, der sagt, ›Ich wünsche mich zu verwandeln; sage mir, wie ich es tun soll‹, scheint sehr aufrichtig zu sein, es sehr ernst zu nehmen, aber er ist es nicht. Er verlangt nach einer Autorität, von der er hofft, daß sie ihm zur inneren Ordnung verhelfe. Aber kann Autorität jemals innere Ordnung erzeugen? Ordnung, die von außen auferlegt wird, muß immer Unordnung schaffen. Sie mögen diese Wahrheit mit dem Verstand begreifen, aber können Sie sie wirklich anwenden, so daß für Ihren Geist keine Autorität mehr in Betracht kommt, nicht die Autorität eines Buches, eines Lehrers, der Ehefrau oder des Ehemannes, der Eltern, eines Freundes oder der Gesellschaft? Da wir immer schablonenhaft nach einer Formel gelebt haben, wird die Formel zur Ideologie und zur Autorität. Aber in dem Augenblick, da Sie wirklich erkennen, daß die Frage ›Wie kann ich mich verwandeln?‹ eine neue Autorität schafft, sind Sie mit der Autorität für immer fertig.

Lassen Sie es uns noch einmal klar und deutlich sagen: Ich sehe ein, daß ich mich vollkommen, bis in die Wurzel meines Seins verwandeln muß. Ich kann nicht länger von irgendeiner Tradition abhängen, denn die Tradition hat diese ungeheure Trägheit, Unterwerfung und Abhängigkeit geschaffen. Ich kann auf keinen Fall von einem anderen Hilfe erwarten, um mich zu verwandeln — von keinem Lehrer, keinem Gott, keinem Glaubenssatz oder System, keinem äußeren Zwang oder Einfluß. Was geschieht dann?

Vor allen Dingen: Können Sie *jede* Autorität ablehnen? Wenn Sie es können, bedeutet es, daß Sie sich nicht länger fürchten. Was ereignet sich dann? Wenn Sie etwas Falsches, das Sie seit Generationen mit sich herumgeschleppt haben, verwerfen, wenn Sie irgendeine Last abwerfen, was geschieht dann? Dann haben Sie mehr Energie, nicht wahr? Dann haben Sie eine größere Leistungsfähigkeit, mehr Schwung, eine größere Intensität und Vitalität. Wenn Sie das nicht empfinden, dann haben Sie sich nicht von der Last befreit, dann haben Sie das tote Gewicht der Autorität nicht abgeworfen.

Aber wenn Sie sie abgeschüttelt haben und damit die Energie besitzen, in der es keinerlei Furcht mehr gibt — keine Furcht davor, einen Fehler zu machen, richtig oder falsch zu handeln — ist nicht dann diese Energie selbst die Umwandlung? Wir brauchen ein gewaltiges Ausmaß an Energie, und wir verschwenden sie durch die Furcht. Doch wenn die Energie vorhanden ist, die dadurch entsteht, daß jede Furcht abgeworfen wurde, bringt diese Energie selbst die radikale innere Revolution hervor. Wir haben dazu nichts zu tun.

Sie sind sich also selbst überlassen. In diesem Zustand befindet sich tatsächlich der Mensch, dem es ernsthaft um diese Dinge zu tun ist. Und da Sie nicht länger von irgend jemandem oder irgend etwas Hilfe erwarten, sind Sie bereits frei, um zu entdecken. Und wo Freiheit ist, ist Energie, wo Freiheit ist, kann nichts mehr falsch getan werden. Freiheit ist etwas ganz anderes als Revolte. In der Freiheit gibt es kein rechtes oder unrechtes Tun mehr. Sie *sind* frei, und von diesem Zentrum aus handeln Sie; daher gibt es keine Furcht mehr, und ein Mensch, der keine Furcht hat, ist großer Liebe fähig. Und der wahrhaft Liebende kann tun, was er will.

Als nächstes werden wir darum uns selbst kennenlernen, nicht durch den Sprecher oder einen Analytiker oder einen Philosophen, denn wenn wir von einem anderen etwas über uns lernen, lernen wir im Grunde etwas über ihn, nicht über uns. Wir sind hier dabei zu lernen, was wir tatsächlich sind.

Nachdem wir klar erkannt haben, daß wir, um eine totale Revolution in unserem Seelengefüge hervorzubringen, von keiner äußeren Autorität abhängig sein dürfen, stehen wir vor der weit größeren Schwierigkeit, unsere eigene innere Autorität zu verwerfen, die Autorität unserer persönlichen belanglosen Erfahrungen und angesammelten Ansichten, Kenntnisse, Ideen und Ideale. Sie hatten gestern ein Erlebnis, das Sie etwas gelehrt hat, und was Sie da gelernt haben, wird zu einer neuen Autorität. Diese Autorität von gestern wirkt ebenso zerstörerisch wie eine tausendjährige Autorität. Um uns selbst zu verstehen, bedarf es weder der gestrigen noch der tausendjährigen Autorität, weil wir etwas Lebendiges sind, in ständiger Bewegung, fließend, niemals ruhend. Wenn wir mit der toten Autorität von gestern auf uns schauen, wird es uns nicht gelingen, diese lebendige Bewegung und die Schönheit, die darin liegt, zu verstehen.

Frei zu sein von aller Autorität, von der eigenen und der eines anderen, bedeutet, sich von allem, was gestern war, loszusagen, so daß der Geist immer frisch, immer jung, unschuldig, voller Kraft und Leidenschaft ist. Nur in diesem Zustand kann man lernen und beobachten, und das bedarf einer umfassenden Bewußtheit, eines unmittelbaren Gewahrseins des inneren Lebensprozesses, ohne ihn zu korrigieren, ohne vorzuschreiben, was er sein sollte oder nicht sein sollte. Denn in dem Augenblick, da Sie korrigieren, haben Sie eine andere Autorität, einen Zensor eingesetzt.

Wir werden uns nun zusammen erforschen — nicht indem einer erläutert, während Sie mitlesen und ihm zustimmen oder ihn ablehnen. Wir werden vielmehr gemeinsam eine Reise machen, eine Entdeckungsreise in die verborgensten Winkel unseres Geistes. Für eine solche Reise müssen wir unbeschwert sein. Wir dürfen nicht mit Meinungen, Vorurteilen und gedanklichen Festlegungen belastet sein, diesem alten Hausrat, den wir während der letzten zweitausend Jahre und länger gesammelt haben. Vergessen Sie alles, was Sie über sich wissen. Vergessen Sie alles, was Sie je von sich gedacht haben. Wir werden beginnen, als ob wir nichts wissen.

Es hat in der letzten Nacht heftig geregnet, und nun beginnt der Himmel sich aufzuklaren. Ein neuer frischer Tag ist erwacht. Lassen Sie uns diesem neuen Tag begegnen, als gäbe es nur diesen einen Tag. Wir wollen gemeinsam zu unserer Reise aufbrechen und alle gestrigen Erinnerungen hinter uns lassen — fangen wir an, uns erstmalig zu verstehen!

Selbsterkenntnis

Wenn Sie glauben, daß Selbsterkenntnis wichtig sei, weil ich oder ein anderer Sie auf ihre Bedeutung hingewiesen haben, dann, fürchte ich, hört jede Verständigung zwischen uns auf. Aber wenn wir darin übereinstimmen, daß es wesentlich ist, uns selbst vollkommen zu verstehen, dann haben wir eine ganz andere Beziehung zueinander, dann können wir zusammen in einer beglückenden, sorgfältigen und verständnisvollen Weise Untersuchungen anstellen.

Ich verlange nicht, daß Sie mir Glauben schenken. Ich mache mich nicht zur Autorität. Ich habe Sie nichts zu lehren — keine neue Philosophie, kein neues System, keinen neuen Pfad zur Realität. Es gibt keinen Pfad zur Realität, ebensowenig wie zur Wahrheit. Jede Autorität, ganz gleich welcher Art, besonders auf dem Gebiete des Denkens und der Verständigung, ist verderblich und von Übel. Führer zerstören ihre Anhänger, und diese zerstören die Führer. Sie müssen Ihr eigener Lehrer und Ihr eigener Schüler sein. Sie müssen alles in Frage stellen, was der Mensch für wertvoll, für notwendig gehalten hat.

Wenn Sie niemandem folgen, fühlen Sie sich sehr einsam. So seien Sie denn einsam! Warum fürchten Sie sich davor, allein zu sein? Weil Sie dann sich selbst gegenüberstehen, so wie Sie sind, und feststellen, daß Sie nichtssagend, träge, stumpfsinnig, häßlich, schuldbewußt und ängstlich sind — ein unbedeutendes, minderwertiges, zweitrangiges Wesen. Sehen Sie dieser Tatsache ins Auge; schauen Sie darauf, gehen Sie ihr nicht aus dem Wege. In dem Augenblick, da Sie davonlaufen, beginnt die Furcht.

Wenn wir uns selbst erforschen, sondern wir uns nicht von der übrigen Welt ab. Es ist kein ungesunder Prozeß. Der Mensch ist überall in der Welt durch die gleichen alltäglichen Probleme gefesselt wie wir selbst es sind. Wenn wir uns daher selbst erforschen, sind wir nicht im geringsten neurotisch, weil es keinen Unterschied zwischen dem einzelnen und dem Kollektiv gibt. Das ist eine gegebene Tatsache. Ich habe aus der Welt das gemacht, was ich selber bin. So wollen wir uns denn nicht in diesem Kampf zwischen einem Teil und dem Ganzen verzetteln.

Ich muß meines eigenen Selbstes in seinem ganzen Umfang gewahr werden, und das umfaßt das Bewußtsein des Individuums und der Gesellschaft. Nur wenn mein Geist über dieses individuelle und soziale Bewußtsein hinausgelangt, kann ich zu einem Licht werden, das niemals erlischt.

Wo beginnen wir nun, um uns selbst zu verstehen? Hier bin ich, und wie soll ich mich erforschen, mich beobachten, wie soll ich erkennen, was tatsächlich in mir vor sich geht? Ich kann mich nur in den Beziehungen zu anderen wahrnehmen, weil alles Leben Beziehung ist. Es hat keinen Sinn, in einer Ecke zu sitzen und über sich selbst zu meditieren. Ich kann nicht für mich allein bestehen. Ich existiere nur in Beziehung zu Menschen, Dingen und Ideen, und indem ich meine Beziehung zu den äußeren Dingen und Menschen wie auch zu den inneren Dingen untersuche, fange ich an, mich zu verstehen. Jede andere Form des Verstehens ist nur eine Abstraktion, und ich kann meiner selbst nicht durch Abstraktion habhaft werden. Ich bin kein abstraktes Wesen. Darum muß ich mich als gegenwärtige Wirklichkeit erforschen — so wie ich bin, nicht wie ich zu sein wünsche.

Verstehen ist kein intellektueller Prozeß. Wissen über sich selbst zu erwerben ist etwas ganz anderes, als sich unmittelbar kennenzulernen. Das Wissen, das Sie über sich selbst anhäufen, gehört immer der Vergangenheit an, und ein Mensch, der mit der Vergangenheit beladen ist, ist voller Kummer und Sorgen. Sich unmittelbar kennenzulernen ist nicht gleichzusetzen mit dem Erlernen einer Sprache, einer Technologie oder einer Wissenschaft, denn hier müssen Sie ansammeln und in Erinnerung behalten, und es wäre töricht, immer wieder von neuem zu beginnen. Im psychologischen Bereich hingegen lernen Sie sich selbst immer nur in der Gegenwart kennen, während das Wissen immer der Vergangenheit angehört; und da die meisten Menschen in der Vergangenheit leben und mit der Vergangenheit zufrieden sind, wird das Wissen außerordentlich wichtig für sie. Darum verehren wir die Gelehrten, die Gescheiten, die Klugen. Aber wenn Sie jederzeit lernen, in jeder Minute lernen — wenn Sie lernen, während Sie beobachten und lauschen, während Sie sehen und handeln —, dann werden Sie finden, daß das Lernen eine ständige Bewegung ohne Vergangenheit ist.

Wenn Sie sagen, Sie wollen sich allmählich kennenlernen, nach und nach immer mehr hinzufügen, dann erforschen Sie sich nicht jetzt, so wie Sie sind, sondern durch erworbenes Wissen. Lernen erfordert eine große Sensitivität. Sie sind aber nicht einfühlsam, wenn Sie eine Vorstellung haben, die der Vergangenheit angehört und die die Gegenwart beherrscht. Dann ist der Geist nicht mehr lebendig, geschmeidig, wachsam. Die meisten von uns sind nicht sensitiv, nicht einmal körperlich. Wir überessen uns, wir kümmern uns nicht um die richtige Diät, wir rauchen und trinken zuviel, so daß unsere Körper schwerfällig und unempfindlich werden; die dem Organismus innewohnende Wachsamkeit wird abgestumpft. Wie soll der Geist wach, empfindsam, klar sein, wenn der Organismus träge und schwerfällig ist? Wir mögen in gewissen Dingen, die uns persönlich berühren, sensitiv sein; um sich aber in alle Verflechtungen des Lebens einfühlen zu können, darf es keine Trennung zwischen Körper und Seele geben; sie sind in ihren Regungen ein Ganzes.

Um etwas zu verstehen, müssen Sie damit leben, Sie müssen es beobachten, seinen ganzen Inhalt, seine Natur, seine Struktur, seine Strebungen kennen. Haben Sie je versucht, mit sich selbst zu leben? Wenn Sie es getan haben, werden Sie anfangen einzusehen, daß Sie nicht einen statischen Zustand darstellen, sondern ein frisches, lebendiges Wesen sind, und um mit etwas Lebendigem zu leben, muß auch Ihr Geist lebendig und wach sein; er kann es nicht, wenn er durch Meinungen, Urteile und Wertsetzungen gefesselt ist.

Um die Regung Ihres Geistes und Herzens, Ihres ganzen Seins aufmerksam zu beobachten, müssen Sie einen ungebundenen, freien Geist haben, keinen Geist, der zustimmt und ablehnt, der in einer Auseinandersetzung Partei ergreift, der über bloße Worte debattiert, sondern der sich beteiligt, um wirklich zu verstehen. Das ist schwer zu vollziehen, denn die meisten Menschen wissen nicht, wie sie auf ihr eigenes Leben schauen oder wie sie ihm lauschen sollen, ebensowenig wie sie es verstehen, die Schönheit eines Flusses in sich aufzunehmen oder dem flüchtigen Winde zwischen den Bäumen zu lauschen.

Wenn wir verurteilen oder rechtfertigen, können wir nicht klar sehen, wir können es auch nicht, wenn unser Geist unaufhörlich schwatzt. Dann sehen wir nicht, *was ist*. Wir haben nur die Projektionen vor Augen, die wir von uns selbst geschaffen haben. Wir alle haben ein Bild von dem, was wir zu sein glauben oder was wir unserer Meinung nach sein sollten, und dieses Leitbild, diese Vorstellung hindert uns ganz und gar daran, uns so zu sehen, wie wir tatsächlich sind.

Es gehört zu den schwierigsten Dingen in der Welt, auf irgend etwas einfach zu schauen. Weil unser Geist sehr kompliziert ist, haben wir die Fähigkeit verloren, einfach zu sein. Ich meine nicht die Einfachheit in der Kleidung oder in der Ernährung, daß man nur ein Leinentuch trägt oder einen Rekord im Fasten bricht oder irgendeine dieser unreifen Torheiten mitmacht, die von den Heiligen kultiviert werden. Ich meine die Einfachheit, die uns unmittelbar und furchtlos auf die Dinge schauen läßt, die es möglich macht, uns zu sehen, wie wir tatsächlich sind, ohne jede Verzerrung, die uns eingestehen läßt, daß wir lügen, wenn wir lügen, ohne diese Tatsache zu bemänteln oder vor ihr davonzulaufen.

Um uns selbst zu verstehen, bedürfen wir auch großer Demut. Wenn Sie gleich zu Beginn sagen, ›Ich kenne mich selbst‹, haben Sie bereits aufgehört sich kennenzulernen. Oder wenn Sie sagen, ›Da gibt es nicht viel zu lernen, denn ich bin lediglich ein Bündel von Erinnerungen, Ideen, Erfahrungen und Traditionen‹, dann haben Sie aufgehört, über sich etwas zu erfahren. In dem Augenblick, da Sie etwas erreicht haben, verlieren Sie Unschuld und Demut. In dem Augenblick, da Sie sich gedanklich festgelegt haben oder aus Ihrem Wissen heraus anfangen zu prüfen, ist es mit dem Lernen vorbei, denn dann deuten Sie alles Lebendige nach alten Begriffen. Wenn Sie hingegen keinen Rückhalt haben, wenn keine Sicherheit da ist, keine Zweckerfüllung, dann haben Sie die Ungebundenheit, zu schauen und zu schaffen. In dieser Freiheit ist alles neu. Ein selbstsicherer Mensch ist ein totes Wesen.

Aber wie können wir frei sein, um zu schauen und zu lernen, wenn unser Verstand von dem Augenblick unserer Geburt an bis zu dem Augenblick, da wir sterben, durch eine bestimmte Kultur in den engen Grenzen der Ichbezogenheit geformt wird? Seit Jahrhunderten sind wir geformt worden durch Nationalität, Kasten, Rangstufen, Tradition, Religion, Sprache, Erziehung, Literatur, Kunst, Gewohnheit, Konvention, durch Propaganda jeder Art, durch wirtschaftlichen Druck, durch die Nahrung, die wir zu uns nehmen, durch das Klima, in dem wir leben, durch unsere Familie, unsere Freunde, unsere Erfahrungen — durch jeden nur denkbaren Einfluß, und entsprechend bedingt sind unsere Reaktionen auf jedes Problem.

Nehmen Sie die Tatsache wahr, daß Sie voreingenommen sind? Das ist die erste Frage, die Sie sich stellen müssen, und nicht, wie Sie sich von Ihrer Voreingenommenheit befreien können. Sie mögen durchaus nicht davon frei sein, und wenn Sie sagen, ›Ich muß davon frei sein‹, werden Sie nur in eine andere Falle, in eine andere Abhängigkeit geraten. Sind Sie nun Ihres Bedingtseins gewahr? Wenn Sie auf einen Baum schauen und sagen, ›Das ist eine Eiche‹, oder ›Das ist ein Feigenbaum‹, wissen Sie dann, daß das Benennen des Baumes, dieses botanische Wissen, Ihren Geist so eingeengt hat, daß das Wort zwischen Ihnen und dem wirklichen Sehen des Baumes steht? Um mit dem Baum in Fühlung zu kommen, müssen Sie ihn mit der Hand berühren; das Wort kann nicht dazu verhelfen, mit ihm Kontakt zu haben.

Wie wissen Sie, daß Sie bedingt und eingeengt sind? Wodurch wird es Ihnen klar? Was sagt Ihnen, daß Sie hungrig sind — nicht als eine Theorie, sondern als gegebene Tatsache? Wie können Sie in derselben Art feststellen, daß Sie voreingenommen und abhängig sind? Geschieht es nicht durch die Art, wie Sie auf ein Problem, eine Herausforderung reagieren? Sie reagieren auf jede Herausforderung nach Ihrer Voreingenommenheit; und da diese beschränkte Antwort der Herausforderung unangemessen ist, werden Sie immer unzulänglich reagieren.

Wenn Sie das wahrnehmen, wird dann Ihre Abhängigkeit von Rasse, Religion und Kultur in Ihnen das Gefühl erzeugen, daß Sie eingekerkert sind? Nehmen wir nur eine Form des Bedingtseins: die Nationalität. Seien Sie ihrer voller Aufrichtigkeit bewußt und sehen Sie, ob Sie daran Gefallen finden oder dagegen rebellieren und wenn Sie sich dagegen auflehnen, beobachten Sie, ob Sie den Wunsch haben, alle Schranken zu durchbrechen. Wenn Sie mit Ihrer Beschränkung zufrieden sind, werden Sie sicherlich nichts dagegen tun. Wenn Sie aber nicht zufrieden sind, wenn Sie Ihrer Voreingenommenheit wirklich gewahr sind, werden Sie klar erkennen, daß Sie niemals etwas ohne diese Beschränkung tun. *Niemals!* Und daher leben Sie immer in der Vergangenheit, mit dem, was abgestorben ist.

Sie werden nur dann fähig sein, Ihre Beschränkung zu sehen, wenn ein Konflikt aus dem Verlangen entsteht, das Angenehme fortdauern zu lassen oder das Schmerzliche zu vermeiden. Wenn alle Ihre Lebensumstände erfreulich sind, wenn Ihre Frau Sie liebt und Sie Ihre Frau lieben, wenn Sie ein hübsches Haus haben, nette Kinder und viel Geld, dann nehmen Sie Ihre Abhängigkeit nicht wahr. Aber wenn eine Störung eintritt, wenn Ihre Frau auf einen anderen schaut oder wenn Sie Ihr Geld verlieren oder durch Krieg und Leid und Ängste irgendwelcher Art bedroht werden, dann wissen Sie, daß Sie abhängig sind. Wenn Sie gegen irgendeine Störung ankämpfen oder sich gegen eine äußere oder innere Bedrohung wehren, dann wissen Sie, daß Sie abhängig sind. Und da sich die meisten Menschen fast zu jeder Zeit beunruhigt fühlen, entweder flüchtig oder tiefgehend, zeigt Ihnen diese Beeinträchtigung, wie sehr Sie abhängig sind. Solange ein Tier gehätschelt wird, reagiert es freundlich; aber in dem Augenblick, da man seinen Widerstand hervorruft, kommt die ganze Heftigkeit seiner Natur zum Vorschein.

Wir werden durch das Leben in Unruhe versetzt, durch die Politik, die wirtschaftlichen Verhältnisse, die Greuel, die Brutalität, durch das Leid in der Welt wie auch in uns selbst. Und das läßt uns erkennen, wie außerordentlich beengt und bedingt wir sind. Und was sollen wir tun? Sollen wir diese Störung hinnehmen und mit ihr leben, wie es die meisten Menschen tun? Uns daran gewöhnen, so wie man sich daran gewöhnt, mit Rückenschmerzen zu leben? Sich damit abfinden?

In uns allen ist eine Neigung vorhanden, sich mit den Dingen abzufinden, sich an sie zu gewöhnen, den Umständen die Schuld zuzuschreiben. ›Ach, wenn die Verhältnisse richtig wären, wäre ich auch anders‹, sagen wir, oder ›Geben Sie mir die Gelegenheit, und ich werde mich erfüllen‹, oder ›Die Ungerechtigkeit überall bedrückt mich.‹ Immer schieben wir anderen Menschen oder unserer Umwelt oder den wirtschaftlichen Verhältnissen die Schuld an unserem Unbehagen zu.

Wenn man sich an die Störungen gewöhnt, bedeutet es, daß unser Geist stumpf geworden ist, wie man sich auch an die Schönheit in der Umwelt gewöhnen kann, so daß man keine Notiz mehr von ihr nimmt. Man wird gleichgültig, hart und gefühllos, und unser Geist wird immer stumpfsinniger. Wenn wir uns nicht daran gewöhnen, versuchen wir auszuweichen, indem wir Rauschgift nehmen, uns einer politischen Gruppe anschließen, Propaganda machen, schriftstellern, ein Fußballspiel besuchen oder in einen Tempel, eine Kirche gehen oder irgendeine andere Art der Unterhaltung ausfindig machen.

Wie kommt es, daß wir vor den realen Tatsachen fliehen? Wir fürchten uns vor dem Tode — ich nehme das nur als Beispiel —, und wir erfinden alle möglichen Theorien, Hoffnungen, Überzeugungen, um die Tatsache des Todes zu verschleiern; aber die Tatsache bleibt bestehen. Um eine Tatsache zu verstehen, müssen wir sie anschauen und nicht vor ihr davonlaufen. Die meisten von uns fürchten sich vor dem Leben wie auch vor dem Sterben. Wir ängstigen uns um unsere Familie, fürchten uns vor der öffentlichen Meinung, vor dem Verlust unserer Stellung, unserer Sicherheit und vor hundert anderen Dingen. Die einfache Tatsache ist, daß wir uns fürchten, nicht, daß wir uns vor diesem oder jenem fürchten. Warum können wir nun dieser Tatsache nicht ins Auge sehen?

Sie können einer Tatsache nur in der Gegenwart gegenübertreten. Wenn Sie ihr aber niemals erlauben, gegenwärtig zu sein, weil Sie ihr immer ausweichen, können Sie ihr auch nie begegnen. Und weil wir ein ganzes Netz von Fluchtmöglichkeiten entwickelt haben, bleiben wir an die Gewohnheit gebunden, ständig auszuweichen.

Nun, wenn Sie überhaupt sensibel, überhaupt ernsthaft sind, werden Sie nicht nur Ihrer Gebundenheit gewahr sein, sondern auch der Gefahren, die daraus folgen, der Rohheit und des Hasses, zu denen sie hinführt. Warum also handeln Sie nicht, wenn Sie die Gefahr Ihres Beschränktseins sehen? Liegt der Grund darin, daß Sie träge sind — Trägheit als Mangel an Energie? Es wird Ihnen gewiß nicht an Energie fehlen, wenn Sie eine unmittelbare physische Gefahr vor Augen haben, wie etwa eine Schlange auf Ihrem Weg oder einen Abgrund oder ein Feuer. Warum aber handeln Sie nicht, wenn Sie die Gefahr Ihres Bedingtseins, Ihrer Abhängigkeit sehen? Wenn Sie sähen, wie der Nationalismus Ihre eigene Sicherheit gefährdet, würden Sie da nicht handeln?

Die Antwort ist, daß Sie nicht sehen. Durch einen intellektuellen Prozeß der Analyse mögen Sie erkennen, daß der Nationalismus zur Selbstzerstörung führt; aber darin liegt keine Gefühlsstärke. Nur Gefühlstiefe verleiht Ihnen Kraft.

Wenn Sie die Gefahr Ihrer Beschränkung nur intellektuell wahrnehmen, werden Sie niemals etwas dagegen tun. Wenn Sie eine Gefahr nur als bloße Vorstellung sehen, entsteht zwischen dieser Idee und der Handlung ein Konflikt, und dieser Konflikt raubt Ihnen die Energie. Nur wenn Sie das Bedingtsein und die damit zusammenhängende Gefahr unmittelbar sehen, so wie Sie einen Abgrund sehen, dann werden Sie handeln. Dann *ist Sehen Handlung.*

Die meisten Menschen gehen unachtsam durch das Leben, reagieren gedankenlos entsprechend der Umwelt, in der sie erzogen worden sind. Reaktionen dieser Art schaffen nur weitere Knechtschaft, weitere Beschränkungen. Aber in dem Augenblick, da Sie Ihre ganze Aufmerksamkeit Ihrer Abhängigkeit zuwenden, werden Sie sehen, daß Sie von der Vergangenheit vollkommen frei sind, die ganz natürlich von Ihnen abfällt.

Achtsamkeit

Wenn Sie Ihrer Voreingenommenheit, Ihres Bedingtseins gewahr werden, wird sich Ihnen Ihr ganzer Bewußtseinsraum erschließen. Bewußtsein ist der Gesamtbereich, in dem sich das Denken abspielt und unsere Beziehungen ihren Bestand haben. Alle Motive, Absichten, Wünsche, Vergnügungen, Ängste, Eingebungen, Sehnsüchte, Hoffnungen, Kümmernisse, Freuden sind in diesem Raum vorhanden. Aber wir haben dieses Bewußtsein in das tätige und das schlafende eingeteilt, in die oberen und unteren Ebenen, das heißt: Alle Gedanken, Gefühle und Tätigkeiten des Tages liegen im Bereich der Oberfläche, und darunter befindet sich das sogenannte Unterbewußtsein, die Dinge, mit denen wir nicht vertraut sind, die sich gelegentlich durch gewisse Zeichen, Eingebungen und Träume ausdrücken.

Wir befassen uns im allgemeinen nur mit einem kleinen Winkel des Bewußtseins, der den größten Teil unseres Lebens ausmacht.

Wie wir in die übrigen Schichten eindringen können, die wir das Unterbewußtsein nennen, mit all seinen Motiven, Ängsten, seinen rassischen und ererbten Eigenschaften — davon haben wir keine Ahnung. Nun frage ich Sie: Gibt es überhaupt so etwas wie das Unterbewußte? Wir gebrauchen dieses Wort ziemlich bedenkenlos. Wir haben uns damit abgefunden, daß es so etwas gibt, und die Schlagworte und Fachausdrücke der Analytiker und der Psychologen sind in die Sprache eingesickert. Aber gibt es so etwas? Und wie kommt es, daß wir ihm eine so große Bedeutung beimessen? Mir scheint, daß das Unterbewußtsein ebenso trivial und stumpfsinnig ist wie der bewußte Geist — ebenso eng, blindgläubig, voreingenommen, ängstlich und minderwertig.

Ist es nun möglich, den gesamten Bewußtseinsbereich umfassend wahrzunehmen und nicht nur einen Teil, ein Fragment? Wenn Sie fähig sind, das Ganze wahrzunehmen, dann leben Sie zu jeder Zeit mit voller Aufmerksamkeit und sind nicht nur halb dabei. Es ist wichtig, das zu verstehen, denn wenn Sie des gesamten Bewußtseinsbereichs gewahr sind, gibt es keine Spannungen. Nur wenn Sie das Bewußtsein, zu dem alles Denken, Fühlen und Handeln gehört, in verschiedene Ebenen aufteilen, gibt es Mißhelligkeiten.

Wir leben in Fragmenten. Im Büro sind Sie ein anderer Mensch als zu Hause. Sie sprechen über Demokratie und sind in Ihrem Herzen autokratisch. Sie sprechen über die Liebe zu Ihrem Mitmenschen und vernichten ihn im Konkurrenzkampf. Ein Teil von Ihnen wirkt und schaut um sich, unabhängig von dem anderen Teil. Sind Sie sich dieses bruchstückhaften Daseins bewußt? Und ist es für den Verstand, der seine Funktionen, sein Denken zerstückelt hat, möglich, den gesamten Bewußtseinsbereich wahrzunehmen? Ist es möglich, das ganze Bewußtsein umfassend zu sehen, das heißt ein voller Mensch zu sein?

Wenn Sie bei dem Versuch, die Gesamtstruktur des Ich, des Selbst mit all seinen außerordentlichen Verwicklungen zu verstehen, Schritt für Schritt vorangehen, Schicht um Schicht bloßlegen, jeden Gedanken, jedes Gefühl und jedes Motiv prüfen, werden Sie in einen analytischen Prozeß eingefangen, der Sie Wochen, Monate oder Jahre kosten wird; und indem Sie diesen Prozeß des Selbsterkennens der Zeit zuordnen, müssen Sie jede nur mögliche Veränderung in Betracht ziehen, weil das Selbst ein komplexes Gebilde ist, in ständiger Bewegung, lebendig, kämpfend, voller Wünsche, verneinend, mit Verdrängungen und Spannungen und Einflüssen jeder Art, die unablässig auf den Menschen einwirken. So werden Sie selbst entdecken, daß das nicht der Weg ist. Sie werden begreifen, daß es nur den einzigen Weg gibt: auf sich umfassend, unmittelbar, ohne Einschaltung der Zeit zu schauen. Sie können sich als Ganzes nur sehen, wenn Ihr Geist nicht zerspalten ist. Was Sie so sehen, ist die Wahrheit.

Nun, können Sie das tun? Die meisten von uns können es nicht, weil wir uns auf das Problem niemals so ernsthaft eingestellt haben, weil wir uns niemals wirklich angeschaut haben. *Niemals.* Wir machen andere verantwortlich, wir erklären die Dinge hinweg, oder wir fürchten uns hinzusehen. Aber wenn Sie rückhaltlos hinschauen, wird es mit voller Aufmerksamkeit geschehen, mit Ihrem ganzen Sein, mit allem, was an Ihnen ist, mit Ihren Augen, Ihren Ohren, Ihren Nerven. Sie werden mit vollkommener Selbsthingabe beteiligt sein, und dann ist kein Raum mehr für Furcht vorhanden, kein Raum für Widerspruch, dann ist kein Konflikt mehr möglich.

Achtsamkeit ist nicht das gleiche wie Konzentration. Konzentration ist Ausschließung. Achtsamkeit, die umfassendes Gewahrsein ist, schließt nichts aus. Mich dünkt, daß die meisten von uns nicht bewußt sind, nicht nur in Bezug auf das, worüber wir sprechen, sondern auch hinsichtlich der Umwelt, der Farben um uns, der Menschen, der Form der Bäume, der Wolken, des dahinströmenden Flusses. Vielleicht kommt es daher, daß wir so sehr mit uns beschäftigt sind, mit unseren nichtssagenden kleinen Problemen, unseren Gedanken, unseren Vergnügungen, Plänen und ehrgeizigen Bestrebungen, so daß wir nicht unbefangen sehen können. Und doch sprechen wir sehr viel über Bewußtheit.

In Indien reiste ich einmal in einem Auto. Ein Chauffeur steuerte den Wagen, und ich saß neben ihm. Drei Herren diskutierten sehr eifrig über Bewußtheit und stellten mir darüber Fragen. In diesem Augenblick sah der Fahrer unglücklicherweise woanders hin und überfuhr eine Ziege, und die drei Herren diskutierten immer noch über Bewußtheit. Sie hatten überhaupt nicht wahrgenommen, daß sie über eine Ziege gefahren waren. Als die Herren, die so eifrig versuchten, bewußt zu sein, auf diesen Mangel an Achtsamkeit hingewiesen wurden, waren sie sehr überrascht.

Und mit den meisten von uns ist es das gleiche. Wir nehmen weder die äußeren noch die inneren Dinge wahr. Wenn Sie die Schönheit eines Vogels, einer Fliege, eines Blattes sehen wollen oder einen Menschen mit all seinen Schwierigkeiten zu verstehen suchen, müssen Sie Ihre ganze Aufmerksamkeit, die ein unmittelbares Gewahrsein ist, dafür hingeben. Und Sie können das nur tun, wenn Ihnen daran etwas liegt, wenn es Ihnen zutiefst um das Verstehen zu tun ist — dann geben Sie Herz und Geist daran.

Solch eine unmittelbare Gegenwärtigkeit haben Sie, wenn sich in Ihrem Zimmer eine Schlange befindet. Sie überwachen jede ihrer Bewegungen, Sie reagieren überaus empfindlich auf das leiseste Geräusch, das sie macht. Ein solcher Zustand der Aufmerksamkeit ist geballte Energie. In diesem Gewahrsein reagiert Ihr ganzes Wesen augenblicklich.

Wenn Sie sich so gründlich gesehen haben, dann können Sie tiefer eindringen. Wenn wir das Wort ›tiefer‹ gebrauchen, vergleichen wir nicht. Im allgemeinen denken wir in Vergleichen: tief und flach, glücklich und unglücklich. Wir beurteilen und vergleichen ständig. Gibt es aber in uns einen solchen Zustand wie das Oberflächliche und das Tiefe? Wenn ich sage, ›Mein Geist ist oberflächlich, unbedeutend, eng, begrenzt‹, woher weiß ich das? Weil ich meinen Geist mit dem eines anderen verglichen habe, der aufgeweckter und leistungsfähiger, der intelligenter und wacher ist. Kann ich meine Armseligkeit ohne Vergleich erkennen? Wenn ich hungrig bin, vergleiche ich diesen Hunger nicht mit dem von gestern; der gestrige Hunger ist eine Vorstellung, eine Erinnerung.

Wenn ich mich jederzeit mit einem anderen vergleiche, darum kämpfe, ihm gleich zu sein, dann verneine ich das, was ich tatsächlich bin, und erzeuge ein Trugbild. Wenn ich verstanden habe, daß Vergleiche jeder Art nur zu größerer Täuschung und zu größerem Elend führen — wie es zum Beispiel in der Analyse geschieht, in der ich das Wissen über mich Stück für Stück vermehre, oder wenn ich mich mit etwas anderem identifiziere, ganz gleich, ob es der Staat ist, ein Erlöser oder eine Ideologie —, wenn ich einsehe, daß alle derartigen Prozesse nur zu verstärkter Anpassung und damit zu größerem Konflikt führen, wenn ich das alles sehe, dann sage ich mich davon gänzlich los. Dann sucht mein Geist nicht länger.

Es ist äußerst wichtig, das zu verstehen. Dann hat mein Geist aufgehört herumzutasten, zu suchen und zu fragen. Das bedeutet nicht, daß er mit den Dingen, so wie sie sind, zufrieden ist; nur hat er keine Illusion. Solch ein Geist kann sich dann in einer völlig anderen Dimension bewegen. Die Dimension, in der wir im allgemeinen leben, das Alltagsleben mit seinen Schmerzen, Vergnügungen und Ängsten, hat den Geist geformt, hat ihn eingeengt, und wenn diese Schmerzen, Vergnügungen und Ängste verschwunden sind — was aber nicht bedeutet, daß Sie keine Freude mehr haben: Freude ist etwas ganz anderes als Vergnügen —, dann lebt der Mensch in einer anderen Dimension, in der es keinen Konflikt mehr gibt, kein Gefühl des Andersseins.

Mit Worten können wir nur bis hierher gehen: Was dahinter liegt, kann nicht mit Worten ausgedrückt werden, weil das Wort nicht die Sache ist. Bis hierher können wir beschreiben, erklären, aber keine Worte oder Erklärungen können die Tür öffnen. Was die Tür öffnen wird, ist Bewußtheit und Achtsamkeit — bewußt zu sein wie wir sprechen, was wir sagen, wie wir gehen, was wir denken. Es ist so, als ob wir einen Raum säubern und ihn in Ordnung halten. Einen Raum sauber zu halten, ist in gewisser Hinsicht wichtig, aber in anderer Hinsicht völlig belanglos. Es muß Ordnung im Raum herrschen, aber Ordnung wird nicht die Tür oder das Fenster öffnen. Nicht Ihr Wunsch oder Ihr Wille können die Tür öffnen. Sie können unmöglich das *Andere* einladen. Alles was Sie tun können, ist, den Raum sauber zu halten, das heißt, einfach tugendhaft zu sein, ohne zu fragen, was es einbringen wird; gesund, vernünftig, ordentlich zu sein. Dann vielleicht, wenn Sie Glück haben, wird sich das Fenster öffnen, und der sanfte Wind wird hereinströmen. Oder es mag auch nicht geschehen! Es hängt von dem Zustand Ihres Geistes ab. Und diesen Zustand können Sie nur selbst erkennen, indem Sie ihn belauschen und niemals versuchen, ihn zu formen, niemals Partei ergreifen, sich niemals widersetzen, niemals zustimmen, niemals rechtfertigen, niemals verdammen, niemals urteilen; das bedeutet, ihn ohne wertende Unterscheidung zu betrachten. Und in diesem wertungsfreien Gewahrsein mag sich vielleicht die Tür öffnen, und Sie werden um diese Dimension wissen, in der es keinen Konflikt und keine Zeit gibt.

Glückseligkeit

Im letzten Kapitel sprachen wir davon, daß Freude etwas ganz anderes ist als Genuß und Vergnügen. So wollen wir heute herausfinden, was Vergnügen bedeutet und ob es möglich ist, in einer Welt zu leben, in der statt der Vergnügungen Raum ist für ein unsagbares Gefühl der Freude, der Glückseligkeit.

Wir sind alle auf den Genuß in irgendeiner Form aus — auf intellektuellen, sinnenhaften oder kulturellen Genuß. Wir finden Gefallen an Reformen oder daran, anderen zu sagen, was zu tun ist, oder wir wollen die Übel der Gesellschaft mildern und Gutes tun. Wir haben Freude an erweitertem Wissen, größerer körperlicher Befriedigung, größerer Erfahrung, größerem Verständnis des Lebens — an all den klugen, gescheiten Dingen des Geistes —, und der höchste Reiz liegt natürlich darin, Gott zu erleben.

Sinnengenuß ist das Grundelement der Gesellschaft. Von der Kindheit bis zum Tode trachten wir geschickt, heimlich oder offen nach mehr oder weniger flüchtigen Freuden. Welche Art des Genusses wir auch anstreben: Wir sollten das sehr klar sehen, weil unser Leben dadurch gelenkt und geformt wird. Es ist daher für jeden von uns wichtig, eingehend, zögernd und einfühlsam dieses Problem des Genusses zu prüfen; denn sinnenhafte Freude zu finden und sie zu nähren und zu erhalten, ist ein grundlegendes Verlangen des Lebens; ohne sie wird das Dasein träge, stumpfsinnig, einsam und bedeutungslos.

Sie mögen fragen: Warum eigentlich sollte das Leben nicht durch Sinnengenuß bestimmt werden? Aus dem einfachen Grunde, weil aus der Lust Leid, Enttäuschung, Kummer und Furcht kommen, und aus der Furcht entsteht die Gewalt. Wenn Sie auf diese Art zu leben wünschen, tun Sie es; die meisten Menschen tun es irgendwie. Wenn Sie aber vom Leid frei sein möchten, müssen Sie verstehen, was dem Verlangen nach Genuß zu Grunde liegt.

Den Sinnengenuß zu verstehen heißt nicht, ihn abzulehnen. Wir verurteilen ihn nicht, wir sagen nicht, er sei richtig oder falsch. Aber wenn wir schon danach trachten, wollen wir es mit offenen Augen tun, wissend, daß ein Mensch, der zu jeder Zeit Genuß und Vergnügen sucht, unvermeidlich seinem Schatten begegnen muß, dem Leid. Lust und Leid können nicht getrennt werden, obgleich wir dem Lustvollen nachlaufen und das Leid zu vermeiden trachten.

Warum verlangt der Mensch immer nach Genuß? Wie kommt es, daß wir edle und unedle Dinge immer mit einer lustbetonten Unterströmung tun? Warum opfern wir uns und leiden mit einem leisen Lustgefühl? Was ist Lustgefühl, und wie entsteht es? Ich möchte wissen, ob einer von Ihnen sich diese Fragen gestellt hat und der Antwort wirklich bis zum Schluß nachgegangen ist.

Das Verlangen nach Genuß entwickelt sich in vier Stufen: Wahrnehmung, Empfindung, Berührung und Begehren. Ich sehe ein schönes Auto, nehmen wir einmal an. Durch den Anblick habe ich als Reaktion eine Sinnesempfindung. Dann berühre ich den Wagen — entweder tatsächlich oder in der Vorstellung —, und daraus entsteht der Wunsch, ihn zu besitzen und mich darin zur Schau zu stellen. Oder ich sehe eine liebliche Wolke oder einen Berg, der sich klar gegen den Himmel abhebt, oder ein Blatt, das der Frühling gerade hervorgelockt hat, oder ich sehe ein tiefes Tal voller Lieblichkeit und Pracht oder einen strahlenden Sonnenuntergang oder ein schönes Antlitz, das intelligent, lebendig und nicht selbstbewußt ist — dann wäre es ja nicht länger schön. Auf das alles schaue ich mit tiefem Entzücken, und da ich es betrachte, ist kein Beobachter da, sondern nur reine Schönheit — wie in der Liebe. Für einen Augenblick bin ich all meinen Problemen, Ängsten und Kümmernissen entrückt — es ist nur dieses wunderbare Erlebnis da. Ich kann mit Entzücken darauf schauen und es im nächsten Augenblick vergessen, oder aber der Gedanke schaltet sich ein, und damit beginnt das Problem. Mein Gedächtnis erinnert sich daran, was ich gesehen habe, und denkt, wie schön es war. Ich sage mir, daß ich es gerne noch öfter wiedersehen würde. Das Denken beginnt zu vergleichen, zu urteilen und sagt, ›Ich muß es morgen wieder haben.‹ So fördert das Denken das Fortbestehen einer Erfahrung, die für eine Sekunde Entzücken geschenkt hat.

Ebenso ist es mit sexuellen oder anderen Wünschen. Am Wünschen ist nichts verkehrt; zu reagieren ist durchaus normal. Aber dann schaltet sich der Gedanke ein und sinnt über das Entzücken nach und wandelt es in Genuß um. Das Denken wünscht die Erfahrung zu wiederholen, und je öfter Sie etwas wiederholen, um so gewohnheitsmäßiger wird es. Je häufiger Sie daran denken, um so mehr stärkt der Gedanke das Verlangen nach Genuß. So schafft und stützt der Gedanke durch den Wunsch den Genuß und gibt ihm Fortdauer, und so wird die natürliche Wunschreaktion beim Anblick von etwas Schönem durch das Denken verdorben. Das Denken macht es zu einer Erinnerung, und die Erinnerung wird genährt, indem wir ständig daran denken.

Natürlich hat die Erinnerung auf einer bestimmten Ebene ihren Platz. Im Alltagsleben könnten wir nicht ohne sie existieren. Innerhalb ihres Bereichs muß sie gut funktionieren, aber es gibt einen Zustand des Geistes, in dem sie nur wenig Raum hat. Ein Geist, der nicht durch Erinnerung verkrüppelt ist, ist wirklich frei.

Haben Sie je bemerkt, daß die Erinnerung nur schwach ist, wenn Sie sich einer Sache mit ganzem Herzen hingeben? Nur wenn Sie auf eine Herausforderung nicht mit Ihrem ganzen Sein antworten, entstehen Konflikt und Streit, und die Folge ist Verwirrung, verbunden mit Lust oder Leid. Der Kampf erzeugt das Gedächtnis, dem ständig weitere Erinnerungen hinzugefügt werden, und diese Erinnerungen sind es, die antworten. Alles, was aus dem Gedächtnis resultiert, ist alt und daher niemals frei. Es gibt überhaupt keine Freiheit des Denkens — das ist reiner Unsinn.

Das Denken ist niemals neu, denn es ist die Antwort des Gedächtnisses, der Erfahrung, des Wissens. Weil das Denken alt ist, macht es den Gegenstand, auf den Sie für einen Augenblick mit Entzücken geschaut und den Sie zutiefst erlebt haben, alt. Von dem Vergangenen leiten Sie dann Vergnügen und Genuß ab, niemals aber von dem Neuen. Das Neue hat mit der Zeit nichts zu tun.

Wenn Sie nun auf die Dinge schauen können, ohne zu dulden, daß sich das Verlangen nach Genuß einschleicht — auf ein Gesicht, einen Vogel, auf die Farbe eines Sari, die Schönheit einer weiten Wasserfläche, die in der Sonne glitzert, oder auf irgend etwas anderes, das Entzücken schenkt —, wenn Sie darauf ohne den Wunsch schauen können, daß die Erfahrung sich wiederhole, dann wird es keinen Schmerz, keine Furcht geben, sondern unermeßliche Freude.

Das Bemühen, die Freude zu wiederholen und fortdauern zu lassen, verwandelt sie in Leid. Beobachten Sie das in sich selbst. Das Verlangen nach Wiederholung der Freude erzeugt das Leid, denn in der Wiederholung ist das Erlebnis nicht das gleiche, das es zuvor war. Sie kämpfen darum, dasselbe Entzücken wiederzuerlangen, nicht nur als ästhetische Sinnesempfindung, sondern als den gleichen inneren Zustand des Geistes, und Sie sind verletzt und enttäuscht, weil es sich Ihnen verweigert.

Haben Sie beobachtet, was in Ihnen vor sich geht, wenn sich Ihnen eine kleine Freude versagt? Wenn Sie nicht erlangen, was Sie sich wünschen, werden Sie unruhig, neidisch, haßerfüllt. Haben Sie darauf geachtet, welchen Kampf Sie durchzustehen haben, wenn Ihnen der Genuß des Trinkens oder Rauchens oder der Sexualität oder was es sonst sei, versagt ist? Und das alles ist eine Abwandlung der Furcht, nicht wahr? Sie fürchten sich davor, nicht das zu erlangen, was Sie sich wünschen, oder das zu verlieren, was Sie besitzen. Wenn ein bestimmter Glaube oder eine Ideologie, an der Sie seit Jahren festgehalten haben, erschüttert oder Ihnen durch die Logik oder durch das Leben entrissen wird, fürchten Sie sich dann nicht davor, allein zu stehen? Dieser Glaube hat Ihnen jahrelang Befriedigung und Wohlsein vermittelt, und wenn er fortgenommen wird, bleiben Sie als Gestrandeter zurück, ausgehöhlt — und die Furcht hält an, bis Sie eine andere Form des Wohlseins, einen anderen Glauben finden.

Es erscheint mir so einfach, und eben darum, weil es so unkompliziert ist, sehen wir nicht seine Einfachheit. Wir lieben es, alles zu komplizieren. Wenn Ihnen Ihre Frau davonläuft, sind Sie dann nicht eifersüchtig, sind Sie dann nicht ärgerlich? Hassen Sie dann nicht den Mann, der sie an sich gefesselt hat? Und das alles ist nichts anderes als die Furcht, jemanden zu verlieren, der Ihnen großen Lebensgenuß verschafft hat, der Ihr Gefährte war, der Ihnen ein gewisses Sicherheitsgefühl gegeben und Ihren Besitzerstolz befriedigt hat.

Wenn Sie nun verstehen, daß dort, wo Sie den Genuß suchen, Leid die Folge sein muß, mögen Sie, wenn Sie es wünschen, in dieser Art weiterleben, aber schlittern Sie nicht einfach hinein. Wenn Sie den Wunsch haben, mit den flüchtigen Freuden Schluß zu machen, was zugleich bedeutet, das Leid zu beenden, müssen Sie mit der Freude, in welcher Form sie sich auch bieten mag, äußerst achtsam umgehen. Sie dürfen sie nicht völlig ausschalten, wie die Mönche oder Sannyasis es tun, die niemals eine Frau anschauen, weil sie es für eine Sünde halten, und die dadurch die lebendige Kraft ihres Verstehens zerstören —, sondern Sie müssen den tiefen Sinn und die ganze Bedeutung der Sinnenfreude verstehen. Dann werden Sie unermeßliche Freude erleben. Sie können über diese Freude nicht nachdenken; sie ist etwas Unmittelbares, und wenn Sie darüber nachdenken, verwandeln Sie sie in Genuß. In der Gegenwart zu leben bedeutet, die Schönheit unmittelbar zu empfinden und das tiefe Entzücken, das damit verbunden ist, ohne daraus weiteren Genuß ableiten zu wollen.

Egozentrik

Bevor wir weitergehen, würde ich gerne fragen, welches Ihr grundlegendes und ständiges Lebensinteresse ist. Lassen wir alle unaufrichtigen Antworten beiseite, und befassen wir uns direkt und ehrlich mit dieser Frage. Was würden Sie antworten? Wissen Sie es?

Gilt Ihr Hauptinteresse nicht Ihnen selbst? Das wäre jedenfalls die Antwort, die die meisten Menschen geben würden, wenn sie aufrichtig wären. Ich bin an meinem Vorwärtskommen interessiert, an meinem Geschäft oder Beruf, an meiner Familie, an dem kleinen Winkel, in dem ich lebe. Für mich ist es wichtig, eine bessere Stellung, mehr Ansehen, mehr Macht, mehr Herrschaft über andere zu erlangen und so fort. Ich glaube, es wäre natürlich, uns einzugestehen, daß es das ist, woran die meisten von uns hauptsächlich interessiert sind: zuerst »Ich«.

Einige von uns meinen vielleicht, daß es falsch sei, in erster Linie an sich selbst zu denken. Aber was ist daran falsch, abgesehen davon, daß wir es selten offen und ehrlich zugeben? Wenn wir es tun, sind wir darüber ziemlich beschämt. So ist es nun einmal — man ist hauptsächlich an sich selbst interessiert, und aus verschiedenen ideologischen oder traditionellen Gründen denkt man, daß das falsch sei. Aber was man darüber denkt, geht an der Sache vorbei. Warum der Auffassung sein, daß das falsch sei? Das ist eine Idee, ein Begriff. Die Tatsache ist, daß man im wesentlichen und ständig an sich selbst interessiert ist.

Sie mögen sagen, daß es befriedigender sei, anderen zu helfen, als an sich selbst zu denken. Worin liegt der Unterschied? Auch das ist Ichbezogenheit. Wenn es Ihnen größere Befriedigung gibt, anderen zu helfen, befassen Sie sich eben damit, weil es Sie mehr befriedigt. Warum soll man eine ideologische Vorstellung hineinbringen? Warum dieses zwiespältige Denken? Warum sagen wir nicht, ›Was ich tatsächlich wünsche, ist Befriedigung, entweder im Sexuellen oder indem ich anderen helfe oder indem ich ein großer Heiliger, Wissenschaftler oder Politiker werde.‹? Es ist der gleiche Prozeß, nicht wahr? Befriedigung auf jede nur mögliche Art, versteckt oder offen, ist das, was wir wünschen. Wenn wir sagen, daß wir Freiheit haben möchten, verlangen wir danach, weil wir glauben, daß es wundervoll befriedigend wäre. Und die höchste Befriedigung gibt natürlich diese seltsame Vorstellung der Selbstvollendung. In Wirklichkeit suchen wir einen Zustand der Zufriedenheit, in dem es überhaupt keine Unzufriedenheit mehr gibt.

Die meisten Menschen brauchen das erhebende Gefühl, einen hohen Rang in der Gesellschaft einzunehmen, weil wir uns davor fürchten, ein ›Niemand‹ zu sein. Die Gesellschaft ist so aufgebaut, daß ein Bürger, der eine geachtete Stellung hat, mit großer Höflichkeit behandelt wird, wohingegen ein Mensch, der keine besondere Stellung einnimmt, herumgestoßen wird. Jedermann in der Welt verlangt nach einer hohen Position, sei es in der Gesellschaft, in der Familie oder zur rechten Hand Gottes, und dieser Rang muß von anderen anerkannt werden, sonst ist er nichts wert. Wir wollen immer auf dem Podium sitzen. Im Innern sind wir ein Gewirr von Elend und Unglück, und darum ist es äußerst wohltuend, draußen als wichtige Person zu gelten. Dieses Verlangen nach Rang, nach Ansehen, nach Macht, dieser Wunsch, in der Gesellschaft als etwas Besonderes anerkannt zu werden, ist das Verlangen, über andere emporzuragen und sie zu beherrschen, und dieser Wunsch ist eine Form der Aggression. Der Heilige, der in Anbetracht seiner Heiligkeit eine hohe Position zu erlangen sucht, ist ebenso aggressiv wie das Huhn, das auf dem Bauernhof um sich hackt. Und was ist die Ursache dieser Aggressivität? Es ist die Furcht, ist es nicht so?

Furcht

Die Furcht ist eines der größten Lebensprobleme. Ein Mensch, der von Furcht ergriffen ist, lebt in Verwirrung, in Konflikt und muß daher gewalttätig, verkrampft und aggressiv sein. Er wagt es nicht, sich von seiner Denkschablone hinwegzubewegen — und das erzeugt Heuchelei. Solange wir nicht frei von Furcht sind, mögen wir den höchsten Berg erklimmen, Götter jeder Art erfinden — wir werden weiterhin in der Finsternis bleiben.

In einer verdorbenen, stumpfsinnigen Gesellschaft wie der unseren zu leben, mit ihrer auf Wettbewerb ausgerichteten Erziehung, die man uns angedeihen läßt und die die Furcht hervorruft, sind wir alle mit Ängsten irgendwelcher Art belastet; und Angst ist etwas Schreckliches; sie verdüstert unsere Tage, macht sie wirr und glanzlos.

Es gibt eine physische Furcht, aber das ist eine Reaktion, die wir von den Tieren übernommen haben. Wir befassen uns hier mit den psychologischen Ängsten; denn wenn wir die tiefverwurzelten psychologischen Ängste verstehen, werden wir fähig sein, den animalischen Ängsten zu begegnen. Wenn wir uns dagegen zuerst mit den animalischen Ängsten beschäftigen, wird uns das nicht dabei helfen, die psychologische Furcht zu verstehen.

Wir alle fürchten uns vor irgend etwas. Es gibt keine abstrakte Furcht. Furcht besteht immer in bezug auf ein Objekt. Kennen Sie Ihre eigenen Ängste — die Furcht, Ihre Arbeit zu verlieren, nicht genug Nahrung oder Geld zu haben, die Furcht vor dem, was Ihre Nachbarn oder was die Öffentlichkeit von Ihnen denkt, die Furcht, keinen Erfolg zu haben, Ihren Rang in der Gesellschaft zu verlieren, verachtet oder lächerlich gemacht zu werden? Da ist die Furcht vor Kummer und Krankheit, vor Willkür, die Furcht, niemals zu erfahren, was Liebe ist oder nicht geliebt zu werden, Ihre Frau oder Ihre Kinder zu verlieren, die Furcht vor dem Tode oder davor, in einer Welt zu leben, die dem Tode gleichkommt, die Furcht vor gräßlicher Langeweile oder davor, nicht dem Bilde gerecht zu werden, das andere von Ihnen aufgerichtet haben, Ihren Glauben zu verlieren — alle diese und unzählige andere Ängste gibt es. Kennen Sie Ihre ureigenen Ängste? Und was fangen Sie im allgemeinen mit ihnen an? Sie laufen vor ihnen davon oder erfinden Ideen und Trugbilder, um sie zu verdecken. Aber vor der Furcht zu fliehen bedeutet nur, sie zu verstärken.

Eine der Hauptursachen der Furcht liegt darin, daß wir nicht wünschen, uns so zu sehen, wie wir sind. So müssen wir denn zugleich mit den Ängsten das Netz der Fluchtmöglichkeiten entflechten, das wir geknüpft haben, um uns von den Ängsten zu befreien. Wenn der Geist — wozu auch das Gehirn gehört — versucht, die Furcht zu überwinden, sie zu unterdrücken, zu disziplinieren, sie unter Kontrolle zu halten, sie anders zu benennen, entsteht Spannung, entsteht Konflikt, und dieser Konflikt ist Energieverschwendung.

So müssen wir uns als erstes fragen, was Furcht *ist* und wie sie entsteht. Was meinen wir mit dem Wort Furcht? Ich frage mich, was Furcht *ist,* nicht wovor ich mich fürchte.

Ich lebe in einer bestimmten Art. Ich denke nach einer festgelegten Schablone, ich habe bestimmte Überzeugungen und Dogmen, und ich wünsche nicht, daß diese Existenzformen ins Wanken geraten, weil ich in ihnen verwurzelt bin. Ich möchte es nicht, weil die Störung einen Zustand der Ungewißheit hervorruft, und das mag ich nicht. Wenn ich von allem, was ich weiß und woran ich glaube, hinweggerissen werde, möchte ich verständlicherweise Gewißheit über die Dinge haben, denen ich mich zuwende. Darum haben die Gehirnzellen ein Modell geschaffen, und sie weigern sich, eine andere Norm aufzubauen, die voller Ungewißheit sein mag. Diesen Prozeß, der von der Gewißheit zur Ungewißheit führt, bezeichne ich als Furcht.

In diesem Augenblick, da ich hier sitze, fürchte ich mich nicht. Ich habe momentan keine Angst, mir geschieht nichts, niemand bedroht mich oder nimmt mir etwas fort. Aber neben diesem augenblicklichen Zustand gibt es eine tiefere Schicht in mir, die bewußt oder unbewußt darüber nachdenkt, was sich in der Zukunft ereignen könnte, oder die sich damit abquält, daß vielleicht etwas aus der Vergangenheit über mich herfallen mag. So fürchte ich mich vor der Vergangenheit und vor der Zukunft. Ich habe die Zeit in Vergangenheit und Zukunft eingeteilt. Das Denken mischt sich ein und sagt, ›Sei vorsichtig, daß es nicht wieder passiert‹, oder ›Sei auf die Zukunft vorbereitet.‹ Die Zukunft mag für Dich gefahrvoll sein; Du besitzt jetzt etwas, aber Du kannst es verlieren. Du kannst morgen sterben, Deine Frau läuft Dir vielleicht davon, Du kannst Deine Arbeit verlieren, wirst vielleicht nie berühmt werden. Du magst vereinsamen. Du möchtest in bezug auf die Zukunft völlig sicher sein.

Nehmen Sie nun Ihre persönliche Art der Furcht. Schauen Sie darauf. Beobachten Sie Ihre Reaktion. Können Sie darauf ohne jede Fluchtabsicht, ohne Rechtfertigung, Verurteilung oder Unterdrükkung schauen? Können Sie auf diese Furcht schauen ohne das Wort, das die Furcht verursacht? Können Sie zum Beispiel auf den Tod schauen ohne das Wort, das die Furcht vor dem Tode erweckt?

Das Wort an sich erzeugt einen Schauder, wie das Wort Liebe seine eigene Spannung, sein eigenes Bild erzeugt. Ist nun die Vorstellung, die Sie in Ihrem Geiste vom Tode haben, die Erinnerung an so viele Todesfälle, die Sie erlebt haben und mit denen Sie sich in Zusammenhang bringen — ist es dieses Bild, das die Furcht erzeugt? Oder fürchten Sie sich wirklich vor dem Sterben oder ist es nur die Vorstellung vom Sterbenmüssen? Verursacht das Wort ›Tod‹ Ihre Furcht oder das *tatsächliche* Aufhören? Wenn es das Wort oder die Erinnerung ist, die Ihre Furcht verursacht, dann ist es gar keine Furcht.

Sie waren vor zwei Jahren krank, wollen wir einmal annehmen, und die Erinnerung an diesen Schmerz, an diese Krankheit ist geblieben. Die Erinnerung regt sich jetzt und sagt, ›Nimm Dich in acht, werde nicht wieder krank.‹ So schafft die Erinnerung mit ihren Assoziationen die Furcht, und das ist keine Furcht, denn im Augenblick sind Sie bei guter Gesundheit. Das Denken ist das Vergangene, weil es aus der Erinnerung kommt, die immer das Alte ist. Das Denken erzeugt mit der Zeit das Gefühl, daß Sie sich fürchten, und das ist keine aktuelle Tatsache. Die wirkliche Tatsache ist, daß Sie wohlauf sind. Aber die Erfahrung, die im Geiste als Erinnerung festsitzt, ruft den Gedanken wach, ›Hüte Dich, werde nicht wieder krank.‹

So sehen wir, daß der Gedanke eine Art von Furcht hervorruft. Aber gibt es abgesehen davon überhaupt Furcht? Ist die Furcht immer das Ergebnis des Denkens, und, wenn es so ist, gibt es noch eine andere Art der Furcht? Wir fürchten uns vor dem Tode, das heißt vor etwas, das sich morgen oder übermorgen, im Laufe der Zeit ereignen wird. Es besteht ein Abstand zwischen der Wirklichkeit und dem, was sein wird. Der Gedanke hat nun diesen Zustand erfahren; indem er den Tod betrachtet, sagt er, ›Ich werde sterben.‹ Der Gedanke erzeugt die Furcht vor dem Tode. Und wenn er das nicht tut, gibt es dann überhaupt Furcht?

Ist Furcht das Resultat des Denkens? Wenn es so ist, dann ist die Furcht etwas, was dem Vergangenen zugehört, weil der Gedanke immer alt ist. Wie wir sagten, ist das Denken niemals neu. Wenn wir einen Gedanken in uns erkennen, ist er bereits alt. So ist denn das, wovor wir uns fürchten, die Wiederholung des Alten, des Vergangenen, der Gedanke an das, was gewesen ist, projiziert in die Zukunft. Darum ist das Denken für die Furcht verantwortlich. Das ist so, Sie können es selbst sehen. Wenn Sie einer Tatsache unmittelbar gegenüberstehen, gibt es keine Furcht. Nur wenn der Gedanke hinzukommt, entsteht Furcht.

Darum fragen wir uns jetzt, ob es für den Menschen möglich ist, vollkommen, ganz und gar in der Gegenwart zu leben. Nur solch ein Mensch hat keine Furcht. Aber um das zu verstehen, müssen Sie den Zusammenhang zwischen Denken, Erinnerung und Zeit erkennen. Und wenn Sie das verstehen, nicht mit dem Verstand und mit Worten, sondern tatsächlich, mit Herz und Hirn und Eingeweiden, werden Sie frei von Furcht sein. Dann kann der Geist das Denken benutzen, ohne daß Furcht erzeugt wird.

Das Denken wie auch das Gedächtnis sind für das tägliche Leben natürlich notwendig. Es ist das einzige Instrument, das wir besitzen, um uns zu verständigen, um unsere Arbeit und anderes zu verrichten. Das Denken ist das Echo des Gedächtnisses, der Erinnerungen, die durch Erfahrung, Wissen, Tradition im Laufe der Zeit aufgestapelt worden sind. Von diesem Hintergrund aus reagieren wir, und diese Reaktion ist das Denken. Der Gedanke ist also auf gewissen Ebenen notwendig, aber wenn er sich psychologisch als Zukunft und Vergangenheit projiziert und Furcht wie auch Vergnügen erzeugt, wird der Geist dumpf und unvermeidlich träge.

So frage ich mich, ›Warum in aller Welt denke ich an die Zukunft und an die Vergangenheit in Begriffen von Freude und Leid, da ich doch weiß, daß solche Gedanken die Furcht erzeugen? Ist es nicht möglich, daß das Denken im Bereich des Seelischen aufhört, weil die Furcht sonst niemals ein Ende nehmen wird?‹

Zu der Wirksamkeit des Denkens gehört es, daß es ständig mit etwas beschäftigt ist. Die meisten Menschen lassen ihren Geist ununterbrochen tätig sein, so daß sie daran gehindert werden, sich zu sehen, wie sie tatsächlich sind. Sie fürchten sich vor der inneren Leere. Sie fürchten sich davor, ihre Ängste anzuschauen.

Bewußt können Sie Ihrer Ängste gewahr sein; aber sind Sie es auch in den tieferen Schichten Ihres Bewußtseins? Und wie werden Sie diese geheimen, verborgenen Ängste auffinden? Kann die Furcht in eine bewußte und eine unbewußte eingeteilt werden? Das ist eine sehr wichtige Frage. Fachleute, Psychologen, Analytiker haben die Furcht in eine tiefliegende und eine oberflächliche gespalten; aber wenn Sie sich an das halten, was der Psychologe sagt oder was ich sage, verstehen Sie wohl unsere Theorien, unsere Dogmen, unser Wissen, Sie verstehen aber nicht sich selbst. Sie können sich nicht verstehen, wenn Sie sich nach Freud oder nach Jung oder nach mir ausrichten. Die Theorien anderer haben überhaupt keine Bedeutung. Sie müssen sich selbst die Frage stellen, ob die Furcht in die bewußte und unbewußte eingeteilt werden kann. Oder gibt es nur *Furcht,* die Sie in verschiedene Formen zerlegen? Es gibt nur ein Wünschen; da ist nur Wünschen; Sie wünschen. Die Objekte des Wünschens verändern sich, aber das Wünschen ist immer dasselbe. Vielleicht gibt es genauso nur *Furcht.* Sie fürchten sich vor allen möglichen Dingen; aber es gibt nur *eine* Furcht.

Wenn Sie erkennen, daß die Furcht nicht eingeteilt werden kann, werden Sie sehen, daß Sie das Problem des Unterbewußten beiseite getan haben, und damit haben Sie den Psychologen und den Analytikern ein Schnippchen geschlagen. Wenn Sie verstehen, daß Furcht *eine* Gemütsregung ist, die sich auf verschiedene Weise ausdrückt, und wenn Sie diese Bewegung sehen und nicht das Objekt, durch das sie wachgerufen wird, dann stehen Sie vor der gewaltigen Frage, wie Sie auf die Furcht schauen können ohne die vom Verstand gezüchtete Zersplitterung.

Im Grunde gibt es nur die *eine* Furcht. Aber wie kann der Mensch, dessen Denken Stückwerk ist, diese Ganzheit wahrnehmen? Kann er es? Wir führen ein fragmentarisches Leben und können auf die Furcht als Ganzes nur durch den bruchstückhaften Gedankenprozeß schauen. Der ganze mechanische Denkprozeß besteht darin, alles in Stücke zu zerbrechen: Ich liebe Dich, und ich hasse Dich; Du bist mein Feind; Du bist mein Freund; meine persönlichen Idiosynkrasien und Neigungen, meine Arbeit, meine Stellung, mein Ruf, meine Frau, mein Kind, mein Land und Dein Land, mein Gott und Dein Gott — das alles sind die Fragmente des Denkens, das alles zerstückelt. Und dieses Denken schaut auf die Furcht in ihrer Ganzheit oder versucht darauf zu schauen und verwandelt sie in Bruchstücke. Das zeigt uns, daß der Geist auf diese totale Furcht nur schauen kann, wenn der Denkprozeß aufgehört hat.

Können Sie auf die Furcht blicken ohne eine gedankliche Folgerung, ohne daß sich das Wissen, das Sie darüber angesammelt haben, störend einmischt? Wenn Sie es nicht können, ist das, was Sie betrachten, die Vergangenheit, nicht die Furcht. Wenn Sie es aber können, dann betrachten Sie die Furcht zum erstenmal ohne die Einmischung der Vergangenheit.

Sie können nur beobachten, wenn der Geist sehr ruhig ist, wie Sie auch einem anderen Menschen nur zuhören können, wenn der Geist nicht mit sich selbst schwatzt, wenn er über seine persönlichen Probleme und Sorgen keine Zwiegespräche mit sich führt. Können Sie in dieser Art auf Ihre Furcht schauen ohne den Versuch, sie aufzulösen, ohne ihren Gegensatz, den Mut, hineinzubringen — tatsächlich auf sie schauen ohne den Versuch, vor ihr davonzulaufen? Wenn Sie sagen, ›Ich muß sie kontrollieren, ich muß sie loswerden, ich muß sie verstehen‹, versuchen Sie ihr zu entrinnen.

Sie können eine Wolke oder einen Baum oder den dahinströmenden Fluß mit ruhigem Gemüt betrachten, weil diese Dinge für Sie nicht sehr wichtig sind; aber sich selbst anzuschauen ist weit schwieriger, weil die Wünsche in uns so greifbar nahe und die Reaktionen so schnell sind. Wenn Sie nun mit der Furcht oder der Verzweiflung, mit der Vereinsamung oder Eifersucht oder mit irgendeinem anderen unschönen Zustand des Geistes in unmittelbarem Kontakt stehen — können Sie darauf so vollkommen schauen, daß der Geist ruhig genug ist, diese Regungen wahrzunehmen?

Kann der Mensch die Furcht als Einheit wahrnehmen und nicht ihre verschiedenen Ausdrucksformen — kann er die Furcht als Ganzes sehen, nicht das, wovor er sich gerade fürchtet? Wenn Sie nur auf die einzelnen Formen der Furcht schauen oder versuchen, mit einer Furcht nach der anderen fertig zu werden, werden Sie niemals zu dem Kernpunkt kommen, werden Sie nicht lernen, mit der Furcht zu leben.

Mit einem lebendigen Ding, wie es die Furcht ist, zu leben, erfordert ein Empfindungsvermögen von außerordentlicher Feinheit. Ein solcher Zustand kennt keine gedanklichen Festlegungen und kann daher jeder Regung der Furcht folgen. Wenn Sie so die Furcht beobachten und mit ihr leben — und das muß nicht einen ganzen Tag dauern, es braucht nur eine Minute oder eine Sekunde zu sein, um das Wesen der Furcht zu erkennen —, wenn Sie mit ihr so ungeteilt leben, fragen Sie unvermeidlich, ›Wer ist denn das Wesen, das mit der Furcht lebt? Wer ist es, der die Furcht beobachtet, der über die Regungen der verschiedenartigen Ängste wacht und der zugleich der Furcht als des Hauptfaktums bewußt ist? Ist der Beobachter ein totes Wesen, ein statisches Geschöpf, das eine Menge Wissen und Informationen über sich angesammelt hat, und ist es dieses tote Wesen, das beobachtet und mit den Regungen der Furcht lebt? Ist der Beobachter die Vergangenheit, oder ist er etwas Lebendiges?‹ Wie lautet Ihre Antwort? Antworten Sie nicht mir, geben Sie sich selbst die Antwort. Sind Sie als Beobachter ein totes Wesen, das ein lebendiges Ding betrachtet, oder sind Sie ein lebendiges Wesen, das etwas Lebendiges anschaut? Denn in dem Beobachter liegen diese beiden Möglichkeiten.

Der Beobachter ist der Zensor, der ohne Furcht sein möchte. Der Beobachter ist die Gesamtheit all seiner Erfahrungen über die Furcht. So ist also der Beobachter von dem, was er Furcht nennt, getrennt; zwischen beiden ist ein Raum. Fortwährend versucht er, die Furcht zu überwinden oder ihr zu entrinnen, und daher kommt dieser ständige Kampf zwischen ihm und der Furcht — ein Kampf, der solch eine Energieverschwendung ist.

Wenn Sie achtgeben, wird Ihnen klar, daß der Beobachter nur ein Bündel von Gedanken und Erinnerungen ist ohne jede Gültigkeit oder Substanz, daß aber die Furcht etwas Tatsächliches ist und daß Sie versuchen, eine Tatsache rein vom Verstand her zu begreifen. Das kann natürlich nicht gelingen. Ist nun der Beobachter, der sagt, ›Ich fürchte mich‹, tatsächlich von der beobachteten Sache, der Furcht, im geringsten verschieden? Der Beobachter *ist* Furcht, und wenn das erkannt wird, gibt es keine Energieverschwendung mehr durch das Bestreben, sich von der Furcht zu befreien, und damit verschwindet das Zeit-Raum-Intervall zwischen dem Beobachter und dem Beobachteten. Wenn Sie sehen, daß Sie ein Teil der Furcht und nicht getrennt von ihr sind — daß *Sie Furcht sind* —, dann brauchen Sie dazu nichts zu tun; dann hört die Furcht gänzlich auf.

Gewalt

Furcht, Freude und Leid, Denken und Gewalttätigkeit haben einen inneren Zusammenhang. Die meisten Menschen finden Gefallen daran, heftig und gewalttätig zu sein, andere Menschen nicht zu mögen, eine besondere Rasse oder Gruppe von Menschen zu hassen oder zu verabscheuen, feindselige Gefühle gegen andere zu hegen. Aber ein Mensch, in dem alle Gewaltsamkeit aufgehört hat, ist von einer Freude erfüllt, die sich sehr von der Lust an der Gewalttätigkeit mit ihren Konflikten, ihren Feindseligkeiten und ihren Ängsten unterscheidet.

Können wir bis zur Wurzel der Gewalt vordringen und von ihr frei sein? Sonst werden wir ewig im Streit miteinander leben. Wenn Sie es vorziehen, in dieser Art zu leben — und anscheinend ist das bei vielen Menschen der Fall —, dann mögen Sie es so weiter treiben. Wenn Sie sagen, ›Es ist zwar bedauerlich, aber die Gewalt wird niemals enden‹, dann haben Sie und ich keine Möglichkeit der Verständigung, dann haben Sie sich selbst blockiert. Aber wenn Sie meinen, daß es möglich sein mag, auf eine andere Art zu leben, dann werden wir in der Lage sein, uns miteinander zu verständigen.

So lassen Sie uns zusammen mit denen, die verständigungsbereit sind, überlegen, ob es überhaupt möglich ist, jeder Art von Gewalttätigkeit in uns ganz und gar ein Ende zu bereiten und dennoch in dieser monströs-brutalen Welt weiter zu leben. Ich halte es für möglich. Ich wünsche nicht, auch nur einen Hauch von Haß, Eifersucht, Unruhe oder Furcht in mir zu haben. Ich möchte vollkommen in Frieden leben. Das bedeutet nicht, daß ich sterben möchte; ich möchte auf dieser prachtvollen Erde, die so weit, so reich, so schön ist, leben. Ich möchte auf die Bäume, Blumen, Flüsse, Wiesen, Frauen, Knaben und Mädchen schauen und zugleich im völligen Frieden mit mir selbst und mit der Welt leben. Was kann ich dazu tun?

Wenn wir wissen, was es mit der Gewalt auf sich hat, nicht nur draußen in der Gesellschaft mit ihren Kriegen, Tumulten, nationalen Feindseligkeiten und Klassenkämpfen, sondern auch in uns selbst, dann werden wir vielleicht fähig sein, darüber hinauszugelangen.

Hier stehen wir vor einem schwierigen Problem. Jahrhunderte hindurch ist der Mensch gewalttätig gewesen. Die Religionen in der ganzen Welt haben versucht ihn zu zähmen, und keine von ihnen hat Erfolg gehabt. Wenn wir jetzt dieses Problem untersuchen, müssen wir es, so scheint es mir, mit äußerstem Ernst tun, weil es uns in eine ganz andere Sphäre führen wird. Wenn wir jedoch mit diesem Problem nur spielen wollen, um uns intellektuell zu unterhalten, dann werden wir nicht weit kommen.

Sie mögen meinen, daß Sie wohl sehr ernsthaft um das Problem bemüht sind, daß dieses Bemühen aber völlig wertlos ist, solange die meisten anderen Menschen in der Welt nicht auch ernsthaft bemüht und bereit sind, etwas dazu zu tun. Nun, ich kümmere mich nicht darum, ob die anderen es ernsthaft meinen oder nicht; ich jedenfalls nehme es ernst, das genügt. Ich bin nicht meines Bruders Hüter. Als menschliches Wesen bewegt mich das Problem der Gewalttätigkeit sehr stark, und ich werde genau achtgeben, daß ich selbst nicht gewalttätig bin. Doch kann ich Ihnen oder einem anderen Menschen nicht sagen, ›Sei nicht gewalttätig.‹ Das hat keinen Sinn —, Sie müssen selbst danach verlangen. Wenn Sie also wirklich den Wunsch haben, dieses Problem der Gewalttätigkeit zu verstehen, wollen wir unsere Forschungsreise gemeinsam fortsetzen.

Besteht dieses Problem der Gewalt dort draußen oder hier? Wünschen Sie das Problem in der äußeren Welt zu lösen, oder fragen Sie, wie es in Ihnen darum bestellt ist? Wenn Sie in sich von der Gewaltsamkeit frei sind, erhebt sich die Frage, ›Wie soll ich in einer Welt leben, die voller Gewalt, Gewinnsucht, Gier, Neid, Rohheit ist? Werde ich nicht vernichtet werden?‹ Das ist die unvermeidliche Frage, die ständig gestellt wird. Wenn Sie eine solche Frage aufwerfen, scheint es mir, daß Sie nicht wirklich friedfertig leben. Wenn Sie friedfertig leben, werden Sie überhaupt kein Problem haben. Sie mögen eingesperrt werden, weil Sie sich weigern, in die Armee einzutreten, oder Sie mögen erschossen werden, weil Sie nicht kämpfen wollen — sei es darum: Selbst wenn Sie erschossen werden, sollte es für Sie kein Problem sein. Es ist außerordentlich wichtig, das zu verstehen.

Wir versuchen hier, die Gewalt als eine Tatsache zu verstehen, nicht als eine Idee, sondern als eine Tatsache, die im Menschen existent ist, und dieses menschliche Wesen bin ich selbst. Um in dieses Problem einzudringen, muß ich vollkommen ungeschützt und geöffnet sein. Ich muß mich vor mir selbst bloßstellen — nicht notwendigerweise vor Ihnen, weil Sie daran kein Interesse haben —, ich muß in einer geistigen Verfassung sein, in der ich danach trachte, dieses Problem bis ins letzte zu durchdringen; ich darf an keinem Punkte anhalten und sagen, ›Ich mag nicht weitergehen.‹

Es muß mir völlig klar sein, daß ich ein gewalttätiger Mensch bin. Ich habe Gewaltsamkeit und Heftigkeit in meinen Gefühlsregungen erlebt — im Ärger, in sexuellen Wünschen, im Hassen, indem ich Feindschaft schuf, in der Eifersucht und so fort. Ich habe sie erfahren, ich habe sie kennengelernt, und ich sage zu mir, ›Ich möchte dieses ganze Problem verstehen, nicht nur ein Bruchstück, wie zum Beispiel den Krieg, sondern diese ganze Aggression im Menschen, die auch in den Tieren vorhanden ist, von denen ich ein Teil bin.‹

Gewaltsamkeit besteht nicht nur darin, andere zu töten. Wir sind gewalttätig, wenn wir ein hartes Wort gebrauchen, wenn wir eine Geste machen, mit der wir einen Menschen abtun, wenn wir gehorchen, weil wir Angst haben. Gewalt liegt also nicht nur in organisierter Metzelei im Namen Gottes, im Namen der Gesellschaft oder eines Landes. Gewaltsamkeit ist viel subtiler und geht viel tiefer, und wir wollen ihre letzte Tiefe erforschen.

Wenn Sie sich als Inder oder Moslem oder Christ oder Europäer oder irgend etwas anderes bezeichnen, sind sie gewalttätig. Erkennen Sie, warum es so ist? Weil Sie sich von der übrigen Menschheit isolieren. Wenn Sie sich durch den Glauben, durch Nationalität, durch Tradition absondern, wird dadurch Gewalt erzeugt. Ein Mensch, der die Gewalt zu verstehen sucht, darf keinem Land, keiner Religion, keiner politischen Partei oder einem besonderen System angehören. Für ihn ist es allein wichtig, das Menschengeschlecht völlig zu verstehen.

Es gibt hinsichtlich der Gewalt zwei grundsätzliche Denkrichtungen. Die eine sagt, ›Gewalttätigkeit ist dem Menschen von Natur aus eigen‹, und die andere sagt, ›Gewalt ist das Ergebnis des sozialen und kulturellen Erbgutes, aus dem der Mensch lebt.‹ Wir sind hier nicht daran interessiert, welcher Richtung wir angehören — das ist ohne Bedeutung. Wichtig ist allein die Tatsache, daß wir gewalttätig sind, nicht deren Ursache.

Eine der alltäglichen Äußerungen der Gewalt ist der Ärger. Wenn meine Frau oder meine Schwester angegriffen wird, meine ich, daß ich mit Recht zornig bin. Wenn mein Land, meine Idee, meine Prinzipien, meine Lebensart angegriffen werden, fühle ich mich gleichermaßen berechtigt, aufgebracht zu sein. Ich bin auch ärgerlich, wenn meine Gewohnheiten oder meine nichtssagenden Meinungen angegriffen werden. Wenn Sie mir auf die Zehen treten oder mich beleidigen, werde ich böse, oder wenn Sie mit meiner

Frau davonlaufen und ich eifersüchtig werde, wird diese Eifersucht als berechtigt betrachtet, weil die Frau mir gehört. Dieser ganze Ärger gilt als moralisch gerechtfertigt. Und wenn ich für mein Land töte, wird auch das gutgeheißen. Wenn wir nun über den Ärger sprechen, der ein Teil der Gewalt ist, empfinden wir ihn dann je nach unseren Neigungen und den Umwelteinflüssen als berechtigt oder ungerechtfertigt oder sehen wir nur den Ärger als solchen? Gibt es überhaupt berechtigten Ärger? Oder gibt es nur den Ärger? Es gibt keinen guten oder schlechten Einfluß, sondern nur die Beeinflussung. Aber wenn Sie durch etwas beeinflußt werden, das Ihnen nicht paßt, nennen Sie es einen schlechten Einfluß.

In dem Augenblick, da Sie Ihre Familie schützen oder Ihr Land oder einen bunten Lappen, den man Flagge nennt, oder einen Glauben, eine Idee, ein Dogma, irgend etwas, wonach Sie verlangen und an das Sie sich klammern, verrät dieses Verhalten Ihre gewalttätigen Gefühle. Können Sie nun den Ärger anschauen ohne jede Erklärung oder Rechtfertigung, ohne zu sagen, ›Ich muß meinen Besitz schützen‹, oder ›Ich war mit Recht ärgerlich‹, oder ›Wie dumm von mir, ärgerlich zu sein‹? Können Sie auf den Ärger schauen, als wäre er etwas für sich allein? Können Sie darauf völlig objektiv schauen, das heißt, ohne ihn zu verteidigen oder ihn zu verurteilen? Können Sie das?

Kann ich Sie wirklich sehen, wenn ich Ihnen feindlich gesonnen bin oder wenn ich denke, was für ein prachtvoller Mensch Sie sind? Ich kann Sie nur dann sehen, wenn ich mit einer gewissen Achtsamkeit auf Sie schaue, in der nichts dergleichen enthalten ist. Kann ich nun auf den Ärger in der gleichen Weise schauen, das bedeutet, daß ich mich ihm preisgebe, daß ich mich ihm nicht widersetze, daß ich dieses ungewöhnliche Phänomen ohne jede Reaktion beobachte?

Es ist schwer, sachlich auf den Ärger zu schauen, weil er ein Teil von mir ist; aber gerade das will ich zu tun versuchen. Hier bin ich, ein gewalttätiges menschliches Wesen, ganz gleich, ob schwarz, braun, weiß oder rot. Es kümmert mich nicht, ob ich diese Heftigkeit geerbt habe oder ob die Gesellschaft sie in mir hervorgebracht hat; es interessiert mich nur, ob es überhaupt möglich ist, von ihr freizukommen. Von der Gewalttätigkeit frei zu sein bedeutet für mich alles; es ist mir wichtiger als Sexualität, Nahrung, Stellung, denn in diesem Zustand verkomme ich. Die Gewalttätigkeit zerstört mich und zerstört die Welt, und ich wünsche sie zu verstehen, ich möchte darüber hinausgelangen. Ich fühle mich für den Zorn und die Gewalttätigkeit in der Welt verantwortlich. Ich fühle mich verantwortlich — das sind keine leeren Worte —, und ich sage mir, ›Ich kann nur etwas dagegen tun, wenn ich selbst über den Ärger, über die Gewalttätigkeit, über den Nationalismus hinaus bin.‹ Und dieses tiefe Gefühl, daß ich die Gewalttätigkeit in mir verstehen muß, gibt mir gewaltige Vitalität und Leidenschaft für die Lösung dieses Problems.

Um jenseits der Gewalt zu sein, darf ich sie nicht unterdrücken, sie nicht ablehnen, darf ich nicht sagen, ›Sie ist nun einmal ein Teil von mir, und damit basta‹, oder ›Ich wünsche sie nicht.‹ Ich muß auf sie schauen, ich muß sie erforschen, ich muß mit ihr vertraut werden, und das kann ich nicht, wenn ich sie verurteile oder rechtfertige. Aber dennoch verurteilen wir sie, rechtfertigen wir sie. Darum sage ich, ›Hören Sie zunächst einmal damit auf, sie zu verurteilen oder zu rechtfertigen.‹

Wenn Sie aufhören wollen, gewalttätig zu sein, wenn Sie die Kriege zu beenden wünschen, wieviel Vitalität würden Sie dafür einsetzen, wie weit würden Sie sich selbst dafür zum Einsatz bringen? Ist es denn für Sie bedeutungslos, daß Ihre Kinder getötet werden, daß Ihre Söhne in die Armee eintreten, wo sie drangsaliert und hingemordet werden? Macht Ihnen das gar nichts aus? Mein Gott, wenn Sie das nicht interessiert, wofür interessieren Sie sich dann? Ihr Vermögen zu sichern? Einen gut Tag zu leben? Rauschmittel zu nehmen? Sehen Sie nicht, daß das Gewalttätige, das in Ihnen ist, Ihre Kinder zerstört? Oder sind das für Sie nur abstrakte Begriffe?

Wenn Sie wirklich daran interessiert sind, das herauszufinden, seien Sie mit Geist und Herz dabei. Legen Sie nicht die Hände in den Schoß, sagen Sie nicht, ›Gut, reden Sie über das alles mit uns.‹ Ich betone, daß Sie auf den Ärger und auf die Gewalt nicht mit Augen schauen dürfen, die verurteilen oder rechtfertigen, und daß Sie diese beiden Dinge nicht beseitigen können, wenn die Gewalttätigkeit für Sie nicht zu einem brennenden Problem wird. So müssen Sie zunächst lernen; Sie müssen lernen, wie Sie den Ärger, wie Sie Ihren Ehemann, Ihre Ehefrau, Ihre Kinder betrachten sollen, wie Sie den Politikern zuhören müssen. Es muß Ihnen klar werden, warum Sie nicht objektiv sind, warum Sie verurteilen oder rechtfertigen. Sie müssen erkennen, daß Sie verurteilen oder rechtfertigen, weil es Teil ist der sozialen Struktur, in der Sie leben, Teil ist Ihres Bedingtseins als Deutscher oder Inder oder Neger oder Amerikaner oder als was Sie sonst geboren sein mögen mit all der geistigen Verhärtung, die dieses Bedingtsein zur Folge hat. Um etwas zu lernen, zu entdecken, müssen Sie die Fähigkeit haben, tief einzudringen. Wenn Sie nur über ein stumpfes Werkzeug verfügen, können Sie nicht tief eindringen. Wir wollen darum das Instrument, das heißt unseren Geist, der durch dieses ständige Rechtfertigen und Verurteilen stumpf gemacht worden ist, schärfen. Sie können nur tief eindringen, wenn der Geist spitz wie eine Nadel und stark wie ein Diamant ist.

Es ist nicht gut, die Hände in den Schoß zu legen und zu fragen, ›Wie kann ich zu einem solchen Geist kommen?‹ Sie müssen danach verlangen, wie Sie nach Ihrer nächsten Mahlzeit verlangen. Und um das zu erreichen, müssen Sie erkennen, daß Ihr Geist träge und stumpf wird durch das Gefühl der Unanfechtbarkeit, das Mauern um sich aufgebaut hat und das Teil dieser Verurteilung und Rechtfertigung ist. Wenn der Geist davon frei sein kann, dann sind Sie fähig zu schauen, zu untersuchen, einzudringen und können vielleicht in einen Zustand gelangen, der des ganzen Problems völlig bewußt ist.

Lassen Sie uns nun auf das Hauptproblem zurückkommen: Ist es möglich, die Gewalt in uns gänzlich auszurotten? Ihnen zu sagen, ›Sie haben sich nicht verwandelt — warum nicht?‹, wäre eine Art von Gewalttätigkeit. Das tue ich nicht. Ich habe ganz und gar nicht im Sinn, Sie von irgend etwas zu überzeugen. Es geht um *Ihr* Leben, nicht um meines. Die Art, wie Sie leben, ist Ihre Angelegenheit. Ich frage, ob es einem Menschen, der innerlich irgendeiner Gesellschaft zugehört, möglich ist, die Gewalttätigkeit im Innern aufzuheben. Wenn es möglich ist, wird dieser Prozeß bewirken, in dieser Welt auf eine andere Art zu leben.

Die meisten Menschen haben die Gewalt als eine Gegebenheit des Lebens hingenommen. Zwei furchtbare Kriege haben uns nichts gelehrt; sie haben nur immer mehr Schranken zwischen den Menschen aufgerichtet — zwischen Ihnen und mir. Aber für diejenigen unter uns, die von der Gewalttätigkeit frei zu sein wünschen, stellt sich die Frage, wie das getan werden kann. Ich glaube nicht, daß irgend etwas durch Analyse erreicht werden kann — sei es Selbstanalyse oder eine fachmännisch durchgeführte. Wir mögen in der Lage sein, uns geringfügig zu ändern, ein wenig ruhiger zu leben, mit etwas mehr Zuneigung, aber an sich wird uns die Analyse nicht zu einer umfassenden Wahrnehmung des Lebensprozesses verhelfen. Aber ich muß wissen, wie eine gründliche Untersuchung vorzunehmen ist, das heißt, daß mein Geist in diesem Prozeß außerordentlich scharfsinnig wird. Und dieser Scharfsinn, diese Aufmerksamkeit und Ernsthaftigkeit werden zu einer umfassenden Wahrnehmung führen. Unsere Augen sind nicht fähig, das Ganze mit einem Blick zu erfassen; die Ungetrübtheit des Auges ist nur möglich, wenn man die Einzelheiten mit voller Klarheit und gänzlich unvoreingenommen sehen kann — und das ist der Sprung in das andere Leben.

Um sich von der Gewalttätigkeit zu befreien, haben manche Menschen eine Vorstellung, ein Ideal zu Hilfe genommen, das sie Gewaltlosigkeit nennen, und sie glauben, durch das Ideal der Nichtgewalt als Gegensatz zur Gewalt könnten sie sich von dem Faktum der Gewalt befreien — aber sie können es nicht! Wir haben Ideale ohne Zahl gehabt, alle heiligen Bücher sind voll davon, doch wir sind weiterhin gewalttätig. Warum also beschäftigen wir uns nicht mit der Gewalt selbst und vergessen das Wort ganz und gar?

Wenn Sie den Wunsch haben, die Wirklichkeit zu verstehen, müssen Sie ihr Ihre volle Aufmerksamkeit zuwenden, Ihre ganze Energie. Diese Aufmerksamkeit und Energie werden zerstreut, wenn Sie eine ideale Welt schaffen, die nicht den Tatsachen entspricht. Können Sie das Ideal vollkommen verbannen? Der Mensch, der wirklich ernsthaft ist und den Drang hat herauszufinden, was die Wahrheit ist, was Liebe ist, hat keine festgelegten Vorstellungen. Er lebt nur mit dem, was ist.

Um Ihren Ärger als Tatsache zu erforschen, dürfen Sie kein Urteil über ihn fällen. In dem Augenblick, da Sie sich seinen Gegensatz vorstellen, verurteilen Sie den Ärger und können darum nicht sehen, wie er tatsächlich ist. Wenn Sie sagen, daß Sie jemanden nicht leiden können oder ihn hassen, ist das eine Tatsache, obgleich es sich schrecklich anhört. Wenn Sie darauf hinschauen und das Gefühl bis in die letzte Tiefe erforschen, löst es sich auf. Wenn Sie aber sagen, ›Ich darf nicht hassen, mein Herz muß voller Liebe sein‹, dann leben Sie in einer heuchlerischen Welt mit zweierlei Maßstäben. Ganz in der Fülle des Augenblicks zu leben heißt, mit dem zu leben, was ist, mit dem Tatsächlichen, dem Gegenwärtigen, ohne ein Gefühl des Verdammens oder der Rechtfertigung — dann verstehen Sie es so völlig, daß es von Ihnen abfällt. Wenn Sie klar sehen, ist das Problem gelöst.

Aber können Sie die Tatsache der Gewaltsamkeit klar sehen — das Antlitz der Gewalt nicht nur draußen, sondern in Ihnen selbst? Das würde bedeuten, daß Sie von der Gewalt vollkommen frei sind, weil Sie keine Ideologie zu Hilfe genommen haben, um davon frei zu kommen. Das bedarf tiefer Meditation, nicht nur einer Zustimmung oder Ablehnung mit Worten.

Sie haben nun eine Reihe von Darlegungen gelesen, aber haben Sie wirklich verstanden? Ihre Voreingenommenheit, Ihre Lebensart, die Struktur der Gesellschaft, in der Sie leben, verhindern Sie daran, eine Tatsache anzuschauen und unmittelbar und gänzlich davon frei zu sein. Sie sagen, ›Ich will darüber nachdenken; ich will überlegen, ob es möglich ist, von der Gewalt frei zu sein oder nicht. Ich will versuchen frei zu sein.‹ Dieses ›Ich will versuchen‹ ist das Schrecklichste, was Sie sagen können. Es gibt kein Versuchen, Sie können nicht Ihr Bestes tun wollen. Entweder Sie tun es, oder Sie tun es nicht! Sie operieren noch mit der Zeit, während das Haus schon brennt. Das Haus brennt als Folge der Gewalt in der ganzen Welt und in Ihnen, und Sie sagen, ›Lassen Sie mich darüber nachdenken, welche Ideologie die beste ist, das Feuer zu löschen.‹ Wenn das Haus in Flammen steht, argumentieren Sie dann über die Haarfarbe des Menschen, der das Wasser bringt?

Abhängigkeit

Wenn der Mensch aufhört gewalttätig zu sein, worüber wir soeben Betrachtungen angestellt haben, bedeutet das nicht unbedingt, daß er mit sich selbst in Frieden lebt und daher in all seinen Beziehungen friedvoll ist.

Das Verhältnis der Menschen zueinander basiert darauf, daß man sich von anderen ein Bild — image — macht und dadurch einen Abwehrmechanismus schafft. In unseren gegenseitigen Beziehungen erzeugt jeder in sich ein Bild von dem anderen, und diese

Bilder treten zueinander in Beziehung, nicht aber die Menschen selbst. Die Ehefrau hat ein Vorstellungsbild von dem Ehemann — vielleicht nicht bewußt, aber nichtsdestoweniger ist es vorhanden —, und der Ehemann hat eine bestimmte Vorstellung von seiner Frau. Man hat ein geistiges Bild von seinem Vaterland und von sich selbst, und wir verstärken diese Bilder, indem wir ihnen ständig neue hinzufügen. Es sind diese Bilder, die in Beziehung zueinander treten. Die tatsächlichen Beziehungen zwischen zwei Menschen oder zwischen vielen Menschen hören gänzlich auf, wenn Bilder geformt werden.

Eine Beziehung, die auf diesen Bildern basiert, kann offensichtlich niemals die Grundlage für friedvolle Verhältnisse zwischen den Menschen sein, weil diese Leitbilder unwirklich sind. Man kann nicht in einer Abstraktion leben. Und doch leben wir alle nach Ideen, Theorien und Symbolen, nach Leitbildern, die wir uns von uns selbst und von anderen gemacht haben und die ohne jede Realität sind. Unsere sämtlichen Beziehungen, ob zum Besitz, zu Ideen oder zu Menschen, basieren im wesentlichen auf diesen Bildschemen, und daraus entstehen ständig Konflikte.

Wie ist es nun möglich, mit sich selbst und mit anderen völlig in Frieden zu leben? Schließlich spielt sich das Leben in unseren Beziehungen ab; ein anderes Leben gibt es nicht. Wenn dieses Leben auf Abstraktionen, auf Ideen und spekulativen Voraussetzungen beruht, dann muß ein so abstraktes Leben in seinen Beziehungen unvermeidlich zu einem Schlachtfeld werden. Ist es nun für den Menschen überhaupt möglich, ein vollkommen geordnetes inneres Leben ohne jeden Zwang, ohne Nachahmung, Unterdrückung oder Sublimierung zu führen? Kann er eine Ordnung in sich erzeugen, die lebendig ist und nicht durch ein Ideensystem eingeengt wird? Kann er zu einer inneren Ruhe kommen, die zu keiner Zeit gestört wird — nicht in irgendeiner phantastischen, erdichteten, abstrakten Welt, sondern im täglichen Leben, zu Hause und im Büro?

Ich denke, wir sollten dieser Frage sehr sorgfältig nachgehen, denn in unserem Bewußtsein gibt es keine Stelle, die vom Konflikt unberührt ist. In allen unseren Beziehungen — ganz gleich, ob zu vertrauten Personen oder zu einem Nachbarn oder zur Gesellschaft — bestehen diese Konflikte; und Konflikte bedeuten Widerspruch, Spaltung, Trennung, Dualität. Wenn wir uns und unsere Beziehungen zur Gesellschaft beobachten, sehen wir, daß es auf allen Ebenen unseres Seins Konflikte gibt — mehr oder weniger —, die oberflächliche Reaktionen oder verheerende Resultate hervorrufen.

Der Mensch hat den Konflikt als naturbedingten Teil des täglichen Lebens hingenommen, weil er Wettstreit, Eifersucht, Gier, Gewinnsucht und Aggression für eine natürliche Lebensform hält. Wenn wir damit einverstanden sind, in dieser Art zu leben, akzeptieren wir damit die Struktur der Gesellschaft, wie sie ist, und leben nach konventionellen Anstandsregeln. Und daran bleiben die meisten von uns hängen, weil wir so großen Wert darauf legen, geachtete Menschen zu sein. Wenn wir uns auf Herz und Nieren prüfen — die Art, wie wir denken, wie wir fühlen und wie wir im täglichen Leben handeln —, werden wir erkennen, daß das Leben ein Schlachtfeld sein muß, solange wir uns der Gesellschaftsschablone anpassen. Wenn wir sie nicht hinnehmen — und kein religiöser Mensch kann eine solche Gesellschaft akzeptieren —, dann werden wir von der psychologischen Gesellschaftsstruktur vollkommen frei sein.

Die meisten Menschen haben viel von den Grundelementen der Gesellschaft in sich. Was die Gesellschaft in uns erzeugt hat und was wir selbst in uns geschaffen haben, sind Gier, Neid, Ärger, Haß, Eifersucht, Unruhe — mit diesen Dingen sind wir angefüllt. Die verschiedenen Religionen überall in der Welt haben die Armut gepredigt. Der Mönch legt eine Robe an, wechselt seinen Namen, rasiert seinen Kopf, sucht eine Klosterzelle auf und legt das Gelübde der Armut und Keuschheit ab. Im Osten trägt er *ein* Leinentuch, *ein* Gewand, nimmt *eine* Mahlzeit am Tage zu sich — und wir alle haben Hochachtung vor solcher Armut. Aber diese Menschen, die das Gewand der Armut angelegt haben, bleiben innerlich, psychologisch angefüllt mit den Dingen der Gesellschaft, weil sie weiterhin Rang und Würde suchen; sie gehören diesem oder jenem Orden an, dieser oder jener Religion; sie leben weiterhin in den Klassifizierungen einer Kultur, einer Tradition. Das ist keine Armut! Armut bedeutet, von der Gesellschaft vollkommen frei zu sein, mag man auch ein paar Kleider mehr besitzen oder mehrere Mahlzeiten zu sich nehmen — guter Gott, wen kümmert das? Aber unglücklicherweise liegt in den meisten Menschen dieser Drang, sich zur Schau zu stellen.

Armut wird etwas ungewöhnlich Schönes, wenn der Mensch von

der Gesellschaft psychologisch unabhängig ist. Man muß innerlich arm werden, denn dann gibt es kein Suchen, kein Fragen, kein Wünschen, kein — nichts! Nur aus dieser inneren Armut kann man die Wahrheit eines Lebens sehen, das ohne jeden Konflikt ist. Solch ein Leben ist eine Segnung und kann in keiner Kirche, in keinem Tempel gefunden werden.

Wie ist es nun möglich, sich von dem inneren Gefüge der Gesellschaft, das heißt von dem Kern des Konflikts zu befreien? Es ist nicht schwer, gewisse Zweige des Konfliktes zu beschneiden oder abzuschlagen; aber wir fragen uns, ob es möglich ist, in einer vollkommenen inneren und daher auch äußeren Ruhe zu leben. Das bedeutet nicht, stumpf dahinzuleben oder zu stagnieren. Im Gegenteil, wir werden dann dynamisch, vital und voller Energie sein.

Um ein Problem zu verstehen und von ihm frei zu sein, bedürfen wir einer leidenschaftlichen und anhaltenden Energie, nicht nur einer physischen und intellektuellen, sondern einer Energie, die von keinem Motiv, keinem inneren Anreiz oder Rauschmittel abhängig ist. Wenn wir von einem Anreiz abhängig sind, macht das unseren Geist träge und stumpf. Wenn wir irgendwelche Drogen nehmen, mögen wir vorübergehend genug Energie erlangen, um die Dinge klar zu sehen, aber wir fallen in unseren früheren Zustand zurück und werden dann von dem Rauschmittel immer abhängiger. Jeder Antrieb, ob durch die Kirche, durch Alkohol, durch Drogen oder durch das geschriebene oder gesprochene Wort, erzeugt unvermeidlich Abhängigkeit, und diese Abhängigkeit hindert uns daran, die Dinge klar zu sehen, und verhindert daher die lebendige Energie in uns.

Unglücklicherweise sind wir alle innerlich von irgend etwas abhängig. Warum ist das so? Warum ist dieser Drang nach Abhängigkeit in uns? — Wir machen diese Reise gemeinsam, Sie warten nicht darauf, daß ich Ihnen die Ursache Ihrer Abhängigkeit nenne. Wenn wir zusammen forschen, werden wir beide entdecken; dann wird diese Entdeckung Ihre eigene sein und Ihnen Lebenskraft schenken.

Ich finde selbst heraus, daß ich auf etwas angewiesen bin — auf eine Zuhörerschaft zum Beispiel, die mich anregt. Aus dieser Zuhörerschaft, aus einem großen Kreis von Menschen, die ich anspreche, schöpfe ich eine gewisse Energie. Daher bin ich von dieser Zuhörerschaft, von diesen Menschen abhängig, mögen sie nun zustimmen oder anderer Meinung sein. Je mehr sie anderer Meinung sind, um so mehr Vitalität geben sie mir. Wenn sie zustimmen, wird es eine oberflächliche, nichtssagende Angelegenheit. Ich entdecke also, daß ich eine Zuhörerschaft brauche, weil es sehr anregend ist, vor Menschen zu sprechen. Nun, warum? Warum bin ich abhängig? Weil ich selbst oberflächlich, seicht bin, weil ich in mir nichts habe, weil keine Quelle in mir ist, die immer randvoll und ergiebig, vital, bewegt, lebendig ist. Darum bin ich abhängig; ich habe die Ursache entdeckt.

Aber wird mich diese Entdeckung von der Abhängigkeit befreien? Die Entdeckung der Ursache ist nur intellektuell, und darum ist es klar, daß sie den Menschen nicht von seiner Abhängigkeit befreien kann. Die nur intellektuelle Übernahme einer Idee oder die gefühlsmäßige Hingabe an eine Ideologie kann den Menschen nicht von der Gebundenheit an etwas befreien, das ihm Anregung gibt. Er kann davon nur frei werden, wenn er die ganze Struktur und Natur des Anreizes und der Abhängigkeit davon durchschaut und erkennt, wie diese Abhängigkeit den Geist stumpfsinnig, träge und unbeweglich macht. Nur wenn er diesen Prozeß ganz durchschaut, wird sein Geist frei.

Ich muß also untersuchen, wie ich zur Erkenntnis des Ganzen gelangen kann. Solange ich das Leben von einem besonderen Standpunkt aus oder aufgrund einer besonderen, mir lieb gewordenen Erfahrung betrachte oder mit einem persönlichen Wissen, das ich erworben habe und das zu meinem ich-betonten Hintergrund geworden ist, kann ich nicht das Ganze sehen. Ich habe intellektuell, mit Hilfe der Worte, durch Analyse die Ursache meiner Abhängigkeit entdeckt; aber was immer auch der Gedanke erforscht, es muß unvermeidlich Stückwerk sein. Darum kann ich das Ganze einer Sache nur sehen, wenn sich das Denken nicht einmischt.

Dann sehe ich die Tatsache meiner Abhängigkeit; ich sehe wirklich, *was ist*. Ich sehe es ohne jede Neigung oder Abneigung. Ich wünsche nicht, diese Abhängigkeit loszuwerden oder von ihrer Ursache frei zu sein. Ich beobachte sie, und durch eine solche Betrachtung sehe ich das ganze Bild, nicht nur ein Bruchstück davon, und wenn der Mensch das ganze Bild sieht, ist er frei.

Nun habe ich entdeckt, daß es eine Verschwendung von Energie bedeutet, wenn ich bruchstückhaft lebe. Ich habe den wahren Ursprung der Energieverschwendung gefunden.

Sie mögen glauben, daß es keine Energieverschwendung sei, wenn Sie nachahmen, wenn Sie eine Autorität akzeptieren, wenn Sie vom Priester, vom Ritual, vom Dogma, von der Partei oder einer Ideologie abhängig sind. Aber eine Ideologie anzunehmen — sei sie gut oder schlecht, sei sie heilig oder unheilig — und sie zu befolgen, ist ein bruchstückhaftes Tun und daher die Ursache von Konflikten; diese werden sich unvermeidlich einstellen, solange eine Trennung besteht zwischen dem, was sein sollte, und dem, was ist; und jeder Konflikt ist Energieverschwendung.

Wenn Sie sich die Frage stellen, ›Wie soll ich mich vom Konflikt befreien?‹ schaffen Sie ein anderes Problem und vergrößern damit den Konflikt. Wenn Sie ihn hingegen als eine Tatsache sehen — ihn wie irgendeinen konkreten Gegenstand klar und unmittelbar sehen —, dann werden Sie zutiefst die Wahrheit eines Lebens verstehen, in dem es keinen Konflikt mehr gibt.

Wir wollen es anders ausdrücken. Wir vergleichen ständig das, was wir sind, mit dem, was wir sein sollten. Das ›Sein-sollte‹ ist eine Projektion unserer Vorstellung von dem, was wir glauben, sein zu müssen. Widerspruch besteht, wenn Vergleiche angestellt werden, nicht nur mit einer Sache oder einer Person, sondern mit dem, was Sie gestern waren, und damit ist der Konflikt gegeben zwischen dem, was gewesen ist, und dem, was ist. Das, *was ist*, besteht nur, wenn es keinen Vergleich mehr gibt; und mit dem zu leben, was ist, bedeutet friedvoll zu sein. Dann können Sie Ihre ganze Aufmerksamkeit ohne jede Ablenkung dem zuwenden, was in Ihnen ist — sei es Verzweiflung, Bösartigkeit, Brutalität, Furcht, Unruhe, Einsamkeit — und können ganz und gar damit leben. Dann gibt es keinen Widerspruch und infolgedessen keinen Konflikt.

Aber wir vergleichen uns ständig mit denen, die reicher sind als wir oder begabter, klüger, liebenswürdiger, berühmter, mehr dieses oder mehr jenes. Das ›Mehr‹ spielt in unserem Leben eine ungewöhnlich wichtige Rolle. Dieses ständige ›Sich-vergleichen‹ mit Dingen oder Menschen ist eine der Hauptursachen des Konfliktes.

Warum vergleichen wir denn überhaupt? Warum vergleichen Sie sich mit einem anderen? Dieses Vergleichen ist uns von Kindheit an beigebracht worden. In jeder Schule wird A mit B verglichen, und A reibt sich auf, um B gleich zu sein. Wenn Sie überhaupt nicht vergleichen, wenn es kein Ideal, keinen Gegensatz, keine Dualität gibt, wenn Sie nicht länger darum kämpfen, anders zu sein, als Sie sind — was ereignet sich dann in Ihnen? Ihr Geist hört auf, den Gegensatz zu schaffen, und wird in hohem Maße intelligent, sensitiv und großer Leidenschaft fähig, die lebendige Energie ist und die zuvor durch Anstrengung verzettelt wurde. Ohne Leidenschaft können Sie nichts vollbringen!

Wenn Sie sich nicht mit einem anderen vergleichen, werden Sie sein, was Sie sind. Durch Vergleichen hoffen Sie, sich zu entwickeln, zu wachsen, intelligenter, schöner zu werden. Aber werden Sie es? Die Tatsache ist das, was Sie sind, und wenn Sie sich vergleichen, zerstückeln Sie die Tatsache, und das ist Energieverschwendung. Wenn Sie ohne jeden Vergleich sehen, was Sie tatsächlich sind, gewinnen Sie dadurch gewaltige Kraft zum Schauen. Wenn Sie sich ohne Vergleich betrachten können, sind Sie über *jedes* Vergleichen hinaus, was nicht bedeutet, daß Ihr Geist in Zufriedenheit stagniert.

So erkennen wir zutiefst, wie der Geist Energie verschwendet, die so notwendig ist, um das Leben in seiner Ganzheit zu verstehen.

Ich wünsche nicht zu wissen, mit wem ich mich in Konflikt befinde. Ich verlange nicht danach, die peripheren Konflikte meines Lebens zu kennen. Ich möchte nur wissen, warum Konflikt überhaupt existieren sollte. Wenn ich mir diese Frage stelle, stehe ich vor einem fundamentalen Problem, das nichts mit peripheren Konflikten und ihren Lösungen zu tun hat. Ich bin mit dem Zentralproblem beschäftigt und sehe — vielleicht sehen es auch Sie? —, daß der Wunsch seiner Natur nach, wenn nicht ausreichend verstanden, unvermeidlich zum Konflikt führen muß.

Im Wunsch liegt immer Widerspruch. Ich wünsche widerspruchsvolle Dinge — das bedeutet nicht, daß ich das Wünschen zerstören, unterdrücken, kontrollieren oder sublimieren muß. Ich sehe einfach, daß der Wunsch an sich voller Widerspruch ist. Es liegt nicht an den Wunschobjekten, sondern der Wunsch selbst ist seiner Natur nach widerspruchsvoll. Und ich muß die Natur des Wunsches verstehen, bevor ich den Konflikt verstehen kann. Wir sind innerlich in einem Zustand des Widerspruchs, und dieser Zustand wird durch das Wünschen erzeugt, das heißt durch das Trachten nach Freude und das Vermeiden von Leid, worüber wir bereits gesprochen haben.

So erkennen wir den Wunsch als die Wurzel allen Widerspruchs

— etwas wünschen und es nicht wünschen —, ein zweifaches Tun. Wenn wir etwas tun, das uns Freude macht, ist darin überhaupt keine Anstrengung enthalten, nicht wahr? Aber die Freude bringt das Leid mit sich, und dann müht man sich damit ab, dem Leid auszuweichen — und das ist wiederum Energieverschwendung. Warum gibt es überhaupt Dualität? Natürlich gibt es Dualität in der Natur: Mann und Frau, Licht und Schatten, Tag und Nacht — aber warum ist in uns diese Zweiheit? Bitte, denken Sie das mit mir zu Ende; warten Sie nicht darauf, daß ich es Ihnen sage. Sie müssen Ihren eigenen Verstand gebrauchen, um es herauszufinden. Meine Worte sind nur ein Spiegel, in dem Sie sich selbst betrachten. Warum haben wir diese psychologische Zweiheit? Kommt es daher, weil wir dazu erzogen worden sind, immer das, was ist, mit dem, was sein sollte, zu vergleichen? Wir sind abgerichtet worden zu unterscheiden, was recht und was unrecht, was gut und was schlecht, was moralisch und was unmoralisch ist. Ist diese Zweiheit entstanden, weil wir glauben, daß uns das Nachdenken über den Gegensatz zu Gewalt, Neid, Eifersucht, Niedertracht helfen wird, von diesen Dingen freizukommen? Benutzen wir den Gegensatz als einen Hebel, um uns von dem Gegebenen zu befreien? Oder ist es eine Flucht vor der Wirklichkeit?

Benutzen Sie den Gegensatz als ein Mittel, die Wirklichkeit zu vermeiden, mit der Sie nicht fertig werden können? Oder kommt es daher, daß Ihnen seit Jahrtausenden eine Propaganda versichert, daß Sie ein Ideal haben müssen — den Gegensatz von dem, was ist —, um der Gegenwart gewachsen zu sein? Glauben Sie, daß Ihnen ein Ideal hilft, sich von dem, was ist, zu lösen? Es hilft Ihnen niemals! Sie mögen für den Rest Ihres Lebens die Gewaltlosigkeit predigen und dabei ständig die Saat der Gewalt säen.

Sie haben eine Vorstellung von dem, was Sie sein sollten und wie Sie handeln sollten; aber tatsächlich handeln Sie immer ganz anders. Sie sehen also, daß Prinzipien, Überzeugungen und Ideale unvermeidlich zur Heuchelei und zu einem unehrlichen Leben führen müssen. Es ist das Ideal, das den Gegensatz zu dem Gegebenen erzeugt. Wenn Sie nun mit dem, was ist, zu leben wissen, dann ist kein Gegensatz mehr notwendig.

Der Versuch, einem anderen gleich zu werden oder Ihrem Ideal zu entsprechen, ist eine der Hauptursachen des Widerspruchs, der Verwirrung und des Konflikts. Ein verwirrter Mensch — was er auch tun mag und auf welcher Ebene — wird immer verwirrt bleiben. Jede Handlung, aus der Verwirrung geboren, führt zu weiterer Verwirrung. Ich erkenne das sehr klar; ich sehe es so deutlich, wie ich eine unmittelbare körperliche Gefahr sehe. Was geschieht nun? Ich höre auf zu handeln, wenn ich verwirrt bin. Solches Nichthandeln ist vollkommene Handlung.

Freiheit

Weder die Qualen der Unterdrückung noch die gewaltsame Disziplin der Anpassung an ein Vorbild haben zur Wahrheit geführt. Um die Wahrheit zu finden, muß der Mensch vollkommen frei sein ohne die geringste Verzerrung oder Verkrampfung.

Aber zunächst wollen wir uns fragen, ob wir wirklich frei sein möchten. Wenn wir über Freiheit sprechen, meinen wir dann die totale Freiheit oder nur die Freiheit von etwas, das uns unbequem oder unangenehm oder unerwünscht ist? Wir würden gerne von schmerzlichen und häßlichen Erinnerungen und traurigen Erfahrungen frei sein; aber unsere angenehmen, befriedigenden Ideologien, Formeln und Beziehungen möchten wir behalten. Es ist aber unmöglich, die einen ohne die anderen zu bewahren, denn, wie wir gesehen haben, ist die Freude vom Leid nicht zu trennen.

So muß sich jeder von uns entscheiden, ob er vollkommen frei zu sein wünscht oder nicht. Wenn wir sagen, daß wir frei sein wollen, dann müssen wir das Wesen und die Struktur der Freiheit verstehen.

Ist es Freiheit, wenn Sie *von* etwas frei sind — frei von Leid, frei von irgendeiner Angst? Oder ist Freiheit etwas völlig anderes? Sie können frei von Eifersucht sein, wollen wir einmal annehmen; aber ist diese Freiheit nicht eine Reaktion und daher überhaupt keine Freiheit? Sie können sich sehr leicht von einem Dogma lösen, indem Sie es analysieren, indem Sie es abstoßen; aber diese Loslösung ist die Auswirkung eines Motivs, das darin bestehen mag, daß Sie von dem Dogma frei sein wollen, weil es nicht mehr modern oder zweckdienlich ist. Oder Sie können vom Nationalismus frei sein, weil Sie an den Internationalismus glauben oder weil Sie empfinden, daß es wirtschaftlich nicht länger notwendig ist, an diesem törichten nationalistischen Dogma mit seiner Flagge und dem ganzen Unsinn zu hängen. Davon können Sie sich leicht trennen. Oder Sie mögen sich gegen einen spirituellen oder politischen Führer entscheiden, der Ihnen Freiheit als Ergebnis von Disziplin oder Revolte versprochen hat. Hat aber eine solche vernünftige Überlegung, solche logische Schlußfolgerung irgend etwas mit Freiheit zu tun?

Wenn Sie sagen, daß Sie von etwas frei sind, ist das eine Reaktion, aus der dann eine andere Reaktion folgt, mit einer anderen Anpassung, einer anderen Form der Hörigkeit. In dieser Art können Sie eine Kette von Reaktionen haben und jede Reaktion für Freiheit halten. Aber es ist keine Freiheit, es ist nur die Fortsetzung einer modifizierten Vergangenheit, an der der Verstand festhält.

Die Jugend von heute empört sich wie jede Jugend gegen die Gesellschaft. Das ist an sich etwas Gutes, aber Aufruhr ist keine Freiheit, denn wenn Sie revoltieren, ist das eine Reaktion und diese Reaktion stellt ihr eigenes Modell auf, darin Sie hängen bleiben. Sie glauben, daß es etwas Neues sei. Es ist aber nichts Neues; es ist das Alte in einer anderen äußeren Form. Jeder soziale oder politische Aufstand wird unvermeidlich in die gute alte Denkungsart bürgerlicher Gesinnung zurückfallen.

Freiheit kommt nur, wenn Sie sehen und handeln — niemals durch Revolte. *Das Sehen ist Handeln,* und eine solche Handlung ist so unmittelbar, wie wenn Sie eine Gefahr wahrnehmen. Dann wird nicht das Gehirn eingeschaltet, und es gibt keine Diskussion, kein Zögern; die Gefahr erzwingt die Handlung, und dann ist Sehen, Handeln und Freiheit eines.

Freiheit ist ein Zustand des Geistes — nicht die Freiheit *von* etwas, sondern das Gefühl der Freiheit, der Freiheit, alles anzuzweifeln und in Frage zu stellen, und zwar so intensiv, aktiv und kraftvoll, daß sie jede Art von Abhängigkeit, Sklaverei, Anpassung und Anerkennung von sich wirft. Solche Freiheit bedeutet völlig allein zu sein. Aber kann der Mensch, der in einer Kultur aufgewachsen ist, die so bedingt ist durch die Umwelt und innere Tendenzen, jemals diese Freiheit finden, in der er vollkommen allein steht und in der es keine Führerschaft, keine Tradition, keine Autorität gibt?

Diese Abgeschiedenheit ist ein innerer Zustand des Geistes, der von keinem Anreiz und keinem Wissen abhängig ist und der nicht das Ergebnis einer Erfahrung oder einer gedanklichen Festlegung ist. Die meisten Menschen sind innerlich niemals allein. Es besteht ein Unterschied zwischen Isolierung, in der man sich selbst absondert, und dem Alleinsein, das eine innere Abgeschiedenheit ist. Wir alle wissen, was es bedeutet, isoliert zu sein, eine Mauer um sich zu errichten, um niemals verletzt zu werden, niemals angreifbar zu sein, oder eine Unabhängigkeit zu züchten, die eine andere Form seelischer Angst ist, oder in dem traumerfüllten Elfenbeinturm einer Ideologie zu leben.

Alleinsein ist etwas ganz anderes.

Sie sind niemals allein, weil Sie mit Erinnerungen aus der Vergangenheit angefüllt sind, mit den Gestalten und den Einflüsterungen des gestrigen Tages. Ihr Geist ist niemals frei von dem ganzen Plunder, den er angesammelt hat. Um allein zu sein, müssen Sie sich von der Vergangenheit lossagen. Wenn Sie allein sind, vollkommen allein, innerlich zu keiner Familie, keiner Nation, keiner Kultur, keinem bestimmten Kontinent gehören, entsteht das Gefühl, ein Außenseiter zu sein. Der Mensch, der in dieser Art vollkommen allein ist, ist unschuldig, und diese Unschuld ist es, die den Menschen vom Leid befreit.

Was unzählige Menschen gesagt haben, tragen wir als Last mit uns herum, und dazu die Erinnerungen an alles Mißgeschick. Das alles völlig aufzugeben, heißt allein zu sein, und der Mensch, der innerlich allein ist, ist nicht nur unschuldig, sondern auch jung — nicht in bezug auf Zeit und Alter, sondern unabhängig von jedem Alter ist er jung, unschuldig, lebendig —, und nur ein solcher Mensch kann die Wahrheit sehen und das, was nicht mit Worten zu ermessen ist.

In dieser Abgeschiedenheit werden Sie anfangen zu verstehen, wie notwendig es ist, daß Sie so leben, wie Sie sind — nicht wie Sie glauben sein zu müssen oder wie Sie gewesen sind. Sehen Sie zu, ob Sie sich ohne jede Erregung betrachten können, ohne falsche Bescheidenheit, ohne jede Furcht, ohne Rechtfertigung oder Verurteilung — leben Sie einfach mit sich, so wie Sie tatsächlich sind.

Nur wenn Sie sich innig mit etwas befassen, beginnen Sie es zu verstehen. Aber in dem Augenblick, da Sie sich daran gewöhnen — sich an Ihre Angst oder Ihren Neid oder was es sonst sein mag gewöhnen —, hat der lebendige Kontakt aufgehört. Wenn Sie an einem Fluß leben, hören Sie nach einigen Tagen nicht mehr das Geräusch des Wassers, oder wenn Sie ein Bild im Zimmer haben, das Sie alle Tage sehen, beachten Sie es nach kurzer Zeit nicht mehr. Es ist das gleiche mit den Bergen, den Tälern, den Bäumen, mit Ihrer Familie, Ihrem Ehemann, Ihrer Ehefrau. Um mit etwas zu leben, zum Beispiel mit der Eifersucht, dem Neid oder der Angst, dürfen Sie sich nicht daran gewöhnen, sich niemals damit abfinden. Sie müssen sich darum mühen, wie Sie sich um einen neugepflanzten Baum sorgen würden, den Sie gegen die Sonne, gegen den Sturm schützen. So müssen Sie an den inneren Vorgängen interessiert sein, sie nicht verurteilen oder rechtfertigen; dann beginnen Sie sie zu lieben. Wenn Sie um etwas besorgt sind, beginnen Sie es zu lieben. Nicht, daß Sie es lieben, neidisch oder bekümmert zu sein, wie es bei vielen Menschen der Fall ist, sondern daß Sie voller Achtsamkeit darauf hinschauen.

Können Sie nun — können Sie und ich — mit *dem* leben, was wir tatsächlich sind, mit dem Wissen, daß wir träge, neidisch, ängstlich sind, daß wir große Zuneigung zu haben glauben, die gar nicht vorhanden ist, daß wir leicht verletzbar, leicht geschmeichelt und gelangweilt sind — können wir damit leben, ohne es hinzunehmen, ohne uns damit abzufinden oder es abzulehnen, sondern es einfach betrachten, ohne morbid, bedrückt oder hochmütig zu werden?

Wir wollen uns eine weitere Frage stellen. Können wir zu dieser Freiheit, dieser Abgeschiedenheit durch die Zeit gelangen? Kann uns die Zeit dazu verhelfen, mit dem Gesamtgefüge unserer inneren Natur in Kontakt zu kommen? Das heißt: Kann Freiheit durch einen allmählich fortschreitenden Prozeß erreicht werden? Offensichtlich nicht, denn sobald Sie die Zeit zulassen, versklaven Sie sich immer mehr. Sie können nicht allmählich frei werden. Es ist keine Frage der Zeit.

Die nächste Frage ist, ob Sie sich dieser Freiheit bewußt werden können. Wenn Sie sagen, ›Ich bin frei‹, dann sind Sie nicht frei. Es ist so, als ob ein Mensch sagt, ›Ich bin glücklich.‹ In dem Augenblick, da er das sagt, lebt er in der Erinnerung an etwas, das vorbei ist. Freiheit kann nur ungezwungen entstehen, nicht durch Wollen, Wünschen, Sehnen. Sie können die Freiheit auch nicht dadurch finden, daß Sie sich ein Bild von dem schaffen, was Sie für Freiheit halten. Um zur Freiheit zu gelangen, muß der Mensch lernen, ohne die Fessel der Zeit auf das Leben zu schauen, das eine unendliche Bewegung ist; denn Freiheit liegt jenseits des Bewußtseinsraumes.

Zeit

Ich möchte Ihnen eine Geschichte über einen großen Schüler wiedergeben, der zu Gott geht und darum bittet, über die Wahrheit belehrt zu werden. Der arme Gott sagt: ›Mein Freund, es ist ein so heißer Tag, bitte, bringe mir ein Glas Wasser.‹ Der Schüler geht hinaus und klopft an die Tür des ersten Hauses, zu dem er kommt, und eine schöne junge Frau öffnet ihm. Der Jünger verliebt sich in sie, und sie heiraten, und sie bekommen mehrere Kinder. Dann beginnt es eines Tages zu regnen, und es regnet und regnet jeglichen Tag. Die Gebirgsbäche schwellen an, die Straßen überfluten, die Häuser werden hinweggeschwemmt. Der Jünger hält sich an seiner Frau fest und trägt seine Kinder auf seinen Schultern, und da er hinweggespült wird, ruft er aus; ›Herr, bitte, rette mich!‹, und der Herr sagt: ›Wo ist das Glas Wasser, um das ich Dich bat?‹

Es ist eine recht gute Geschichte, weil die meisten von uns in Begriffen der Zeit denken. Der Mensch lebt in der Zeit. Sein bevorzugtes Ausweichspiel ist, sich die Zukunft auszumalen.

Wir glauben, daß sich in uns im Laufe der Zeit eine Wandlung vollziehen kann, daß nach und nach eine innere Ordnung geschaffen werden kann und daß wir Tag für Tag dazu beitragen können. Aber die Zeit bringt keine Ordnung und keinen Frieden. Darum müssen wir aufhören, an ein stufenweises Fortschreiten zu glauben. Das bedeutet, daß es für uns kein Morgen gibt, um darin friedvoll zu leben. Wir müssen augenblicklich friedlich sein.

Im Augenblick einer wirklichen Gefahr verschwindet die Zeit, nicht wahr? Dann handeln wir unmittelbar. Aber wir sehen nicht, wie unheilvoll viele unsere Probleme sind, und erfinden daher die Zeit als ein Mittel, ihrer Herr zu werden. Die Zeit ist ein Betrüger, denn sie tut nichts, uns zu einer inneren Wandlung zu verhelfen. Die Zeit ist eine Bewegung, die der Mensch in Vergangenheit, Gegenwart und Zukunft eingeteilt hat, und solange er sie einteilt, wird er immer in Konflikt leben.

Ist Lernen eine Frage der Zeit? Nach Tausenden von Jahren

haben wir noch immer nicht gelernt, daß es eine bessere Art des Lebens gibt, als einander zu hassen und zu töten. Es ist äußerst wichtig, das Problem der Zeit zu verstehen, wenn wir dieses Leben verwandeln wollen, das durch unser Dazutun so monströs und sinnlos geworden ist, wie wir es heute vor uns haben.

Als erstes müssen wir verstehen, daß wir die Zeit nur mit jener Frische und Unschuld des Geistes betrachten dürfen, über die wir bereits gesprochen haben. Unsere vielen Probleme verwirren uns, und in dieser Verwirrung finden wir uns nicht mehr zurecht. Nun, wenn man sich in einem Walde verirrt hat, was tut man da als erstes? Man bleibt stehen, nicht wahr? Man bleibt stehen und schaut sich um. Aber je verwirrter unser Leben ist und je mehr wir uns darin verirrt haben, um so mehr jagen wir herum, suchen, fragen, fordern, bitten. Ich möchte also als erstes vorschlagen, daß Sie innerlich vollkommen stillhalten. Wenn Sie das tun, wird der Geist sehr friedlich und klar. Dann können Sie das Problem der Zeit wirklich betrachten.

Probleme existieren nur in der Zeit, nämlich dann, wenn wir einer Sache unzureichend begegnen. Dieses unvollkommene Zusammentreffen mit einer Gegebenheit schafft das Problem. Wenn wir einer Herausforderung nur teilweise, bruchstückhaft begegnen oder ihr auszuweichen versuchen, das heißt wenn wir ihr nicht mit ganzer Aufmerksamkeit gegenüberstehen, schaffen wir ein Problem. Und das Problem besteht so lange weiter, wie wir fortfahren, ihm unzureichende Beachtung zu schenken, solange wir hoffen, es eines schönen Tages lösen zu können.

Wissen Sie, was Zeit ist? Nicht die Uhrzeit, nicht die chronologische Zeit, sondern die psychologische Zeit. Sie ist das Intervall zwischen Idee und Handlung. Eine Idee dient offensichtlich dem Selbstschutz; sie ist die Vorstellung, gesichert zu sein. Handlung ist immer unmittelbar; sie gehört nicht der Vergangenheit und nicht der Zukunft an. Handlung vollzieht sich immer in der Gegenwart; aber Handlung ist so gefährlich, so ungewiß, daß wir uns nach einer Idee ausrichten, von der wir hoffen, daß sie uns eine gewisse Sicherheit geben wird.

Betrachten Sie diesen Vorgang in sich selber. Sie haben eine Vorstellung davon, was richtig oder falsch ist, oder ein ideologisches Konzept über sich und die Gesellschaft, und nach dieser Idee schicken Sie sich an zu handeln. Die Handlung stimmt mit der Idee überein, sie gleicht sich der Idee an, und dadurch entsteht immer Konflikt. Da ist die Idee, das Intervall und die Handlung. Und in diesem Intervall liegt der ganze Bereich der Zeit. Dieses Intervall besteht im wesentlichen aus dem Denken. Wenn Sie glauben, daß Sie morgen glücklich sein werden, dann haben Sie die Vorstellung, daß Sie diesen Zustand im Laufe der Zeit erreichen werden. Der Gedanke, der beobachtet und wünscht und der dieses Wünschen durch das Denken weiter in Gang hält, sagt, ›Morgen werde ich glücklich sein. Morgen werde ich Erfolg haben. Morgen wird diese Welt schön sein.‹ So erzeugt das Denken das Intervall, die Zeit.

Nun fragen wir uns: Können wir der Zeit Einhalt gebieten? Können wir so vollkommen leben, daß es kein Morgen gibt, mit dem sich das Denken beschäftigen kann? Denn Zeit ist Leid. Das heißt, gestern oder vor langer Zeit liebten Sie oder hatten einen Gefährten, der gestorben ist; die Erinnerung daran bleibt, und Sie denken über die vergangenen Freuden und Schmerzen nach — Sie schauen zurück. Sie wünschen, hoffen, trauern, das Denken grübelt ständig darüber nach und erzeugt das, was wir Leid nennen, und läßt es zeitlich fortbestehen.

Solange dieses durch den Gedanken erzeugte Zeitintervall besteht, muß es Leid geben, muß die Furcht andauern. So fragt man sich, ob dieses Intervall aufhören kann. Wenn Sie sagen, ›Wird es jemals aufhören?‹, dann ist es bereits eine Idee, etwas, das Sie zu erreichen wünschen, und damit haben Sie ein Intervall und sind von neuem gebunden.

Tod

Greifen wir jetzt die Frage des Todes auf, der für die meisten Menschen ein gewaltiges Problem ist. Sie kennen den Tod; er wandelt täglich an Ihrer Seite. Ist es möglich, ihm so vollkommen zu begegnen, daß daraus überhaupt kein Problem entsteht? Um ihm derart begegnen zu können, muß jeder Glaube, jede Hoffnung, jede Furcht hinsichtlich des Todes aufhören, sonst erleben Sie diesen ungewöhnlichen Vorgang nur aus einer gedanklichen Perspektive, als Vorstellung, mit vorweggenommener Angst; und daher begegnen

Sie ihm aus zeitlicher Sicht.

Zeit ist das Intervall zwischen dem Beobachter und dem Beobachteten. Das heißt, Sie, der Beobachter, fürchten sich dem zu begegnen, was wir Tod nennen. Sie wissen nicht, was er bedeutet; Sie haben in dem Gedanken an ihn alle möglichen Hoffnungen und Theorien. Sie glauben an Wiedergeburt oder an Auferstehung oder an etwas, das man die Seele, den Atman nennt, ein spirituelles Wesen, das zeitlos ist und das Sie mit verschiedenen Namen belegen. Nun, haben Sie selbst herausgefunden, ob es eine Seele gibt, oder ist es nur eine Idee, die Ihnen überliefert worden ist? Gibt es etwas Beständiges, Fortdauerndes jenseits des Denkens? Wenn der Verstand darüber nachdenken kann, bleibt es im Bereich des Denkens und kann daher nicht beständig sein, weil es innerhalb des Denkbereiches nichts Beständiges gibt. Zu entdecken, daß nichts von Dauer ist, ist von großer Wichtigkeit; denn nur dann ist der Geist frei, dann können Sie schauen, und darin liegt Glückseligkeit.

Sie können sich nicht vor dem Unbekannten fürchten, weil Sie nicht wissen, was das Unbekannte ist, und somit gibt es nichts, vor dem Sie sich zu fürchten hätten. Tod ist ein Wort, und es ist dieses Wort, diese Vorstellung, die die Furcht erzeugt. Können Sie nun auf den Tod schauen, ohne ihn sich vorzustellen? Solange das Bild vorhanden ist, aus dem der Gedanke entspringt, muß der Gedanke immer Furcht erzeugen. Dann deuten Sie entweder Ihre Furcht vor dem Tode vernunftgemäß und schaffen einen Widerstand gegen das Unvermeidliche, oder Sie erfinden unzählige Anschauungen, um sich vor der Furcht vor dem Tode zu schützen. Darum besteht eine Kluft zwischen Ihnen und der Sache, vor der Sie sich fürchten. In diesem Raum-Zeit-Intervall ist der Konflikt unvermeidlich, der Furcht, Unruhe und Selbstbemitleidung bedeutet. Das Denken, das die Furcht vor dem Tode erzeugt, sagt, ›Laßt uns den Tod hinausschieben, wir wollen ihm ausweichen, ihn so weit wie möglich von uns fernhalten und nicht darüber nachdenken‹ — aber Sie denken darüber nach. Wenn Sie sagen, ›Ich will nicht darüber nachdenken‹, haben Sie sich bereits ausgedacht, wie Sie dem Tod ausweichen können. Sie fürchten sich vor dem Tode, weil Sie ihn von sich gewiesen haben.

Wir haben das Leben vom Sterben getrennt, und das Intervall zwischen beiden ist Furcht; dieses Intervall, diese Zeit wird durch die Furcht geschaffen. Das Leben ist für uns eine tägliche Folter, ist Unbill, Leid und Verwirrung, und gelegentlich öffnet sich ein Fenster über verzauberten Meeren. Das nennen wir Leben, und wir fürchten uns davor zu sterben, das heißt, diese Misere zu beenden. Wir würden uns viel lieber weiter an das Bekannte klammern, als dem Unbekannten ins Auge zu sehen — an das Bekannte, das unser Haus ist, unser Hausrat, unsere Familie, unser Charakter, unsere Arbeit, unser Wissen, unser guter Ruf, unsere Einsamkeit, unsere Götter —, diese Belanglosigkeiten, die sich unaufhörlich im eigenen Kreise drehen, in dem festgefahrenen Modell eines verbitterten Daseins.

Wir glauben, daß Leben immer in der Gegenwart ist und daß das Sterben uns in ferner Zeit erwartet. Aber wir haben niemals gefragt, ob dieser tägliche Lebenskampf überhaupt Leben ist. Wir möchten die Wahrheit über Reinkarnation erfahren, wir wünschen Beweise für das Überleben der Seele, wir hören auf die Aussagen der Hellseher und auf die Forschungsergebnisse der Parapsychologie; aber wir fragen niemals — *niemals* —, wie man *leben* sollte, wie man täglich voller Freude, verzaubert, in Schönheit leben kann. Wir haben das Leben hingenommen wie es ist, mit seiner ganzen Qual und Verzweiflung; wir haben uns daran gewöhnt und denken an den Tod als an etwas, das sorgfältig zu vermeiden ist. Aber der Tod ist ungewöhnlich wie auch das Leben, wenn wir wissen, wie wir leben sollen. Sie können nicht leben, ohne zu sterben. Sie können nicht leben, wenn Sie nicht in jeder Minute innerlich sterben. Das ist kein intellektuelles Paradoxon. Um vollkommen, in ganzer Fülle zu leben, jeden Tag in seiner neuen Schönheit zu erleben, müssen wir uns von allem Gestrigen lösen, sonst leben wir gewohnheitsmäßig, und ein Mensch, der zum Automaten geworden ist, kann niemals wissen, was Liebe ist oder was Freiheit ist.

Die meisten von uns fürchten sich vor dem Sterben, weil wir nicht wissen, was es heißt, zu leben. Wir wissen nicht, wie wir leben sollen, daher wissen wir nicht, wie wir sterben sollen. Solange wir uns vor dem Leben fürchten, werden wir uns auch vor dem Tode fürchten. Der Mensch, der sich nicht vor dem Leben fürchtet, fürchtet sich nicht davor, völlig ungesichert zu sein, denn er erkennt, daß es innerlich, psychologisch keine Sicherheit gibt. Wenn keine innere Sicherheit vorhanden ist, beginnt eine endlose Bewegung, und dann sind Leben und Tod eins. Der Mensch, der ohne Konflikt lebt, dessen Leben voller Schönheit und Liebe ist, fürchtet sich nicht vor dem Tode, denn zu lieben heißt zu sterben.

Wenn Sie jegliches Ding, das Sie kennen, innerlich preisgeben, einschließlich ihrer Familie, Ihrer Erinnerungen, aller Ihrer Gefühle, dann ist dieses Sterben eine Läuterung, ein verjüngender Prozeß; dann bringt der Tod Unschuld mit sich, und nur der Unschuldige ist voller Begeisterung, nicht die Menschen, die einen Glauben haben oder die herausfinden wollen, was sich nach dem Tode ereignet.

Um wirklich herauszufinden, was sich ereignet, wenn Sie sterben, müssen Sie sterben. Das ist kein Scherz. Sie müssen sterben — nicht körperlich, sondern seelisch — innerlich müssen Sie die Dinge preisgeben, die Sie gehegt haben und die Sie verbittert haben. Wenn Sie auch nur einen Ihrer Lebensgenüsse aufgegeben haben, den kleinsten oder den größten, und zwar spontan, ohne Zwang, ohne Auseinandersetzung, dann werden Sie wissen, was es bedeutet zu sterben. Zu sterben heißt im Geiste vollkommen seiner selbst ledig zu sein, bar seiner täglichen Sehnsüchte, Vergnügungen und Schmerzen. Der Tod ist eine Erneuerung, eine Mutation, bei der das Denken nicht in Funktion tritt, weil es dem Vergangenen angehört. Wo der Tod ist, entsteht etwas völlig Neues. Freiheit von dem Bekannten ist Tod, und dann leben Sie wirklich.

Liebe

Das Verlangen, in den persönlichen Beziehungen sicher zu sein, erzeugt unvermeidlich Leid und Furcht. Dieses Suchen nach Sicherheit fordert die Unsicherheit heraus. Haben Sie in irgendeiner Ihrer Beziehungen jemals Sicherheit gefunden? Haben Sie das? Wenn wir lieben und geliebt werden, wünschen sich die meisten von uns Sicherheit in dieser Liebe. Aber ist das Liebe, wenn jeder seine eigene Sicherheit, seinen eigenen Weg sucht? Wir werden nicht geliebt, weil wir nicht zu lieben wissen.

Was ist Liebe? Das Wort ist so belastet und verfälscht, daß ich es ungern gebrauche. Jedermann spricht von Liebe — jedes Magazin, jede Zeitung und jeder Missionar spricht unaufhörlich von Liebe. Ich liebe mein Heimatland, ich liebe meinen König, ich liebe irgendwelche Bücher, ich liebe diesen Berg, ich liebe das Vergnügen, ich liebe meine Frau, ich liebe Gott. Ist Liebe eine Idee? Wenn sie es ist, dann kann sie kultiviert, gehegt und gepflegt, herumgestoßen und verunstaltet werden, ganz nach Ihrem Belieben. Wenn Sie sagen, Sie lieben Gott, was bedeutet das? Es bedeutet, daß Sie die Projektion Ihrer eigenen Vorstellung lieben, eine Projektion Ihrer selbst, die in konventionelle Formen gekleidet dem entspricht, was Sie für edel und heilig halten. Darum ist es absoluter Unsinn zu sagen, ›Ich liebe Gott.‹ Wenn Sie Gott anbeten, beten Sie sich selbst an — und das ist keine Liebe.

Da wir uns über diese menschliche Regung, die wir Liebe nennen, nicht klar werden können, flüchten wir in abstrakte Begriffe. Liebe mag die endgültige Lösung aller menschlichen Schwierigkeiten, Probleme und Qualen sein — wie werden wir also herausfinden, was Liebe ist? Durch bloßes Definieren? Die Kirche hat die Liebe auf ihre Art definiert, die Gesellschaft auf eine andere, und es gibt Abweichungen und Entstellungen jeder Art. Jemanden verehren, mit jemandem schlafen, Gefühlsaustausch, Kameradschaft — ist es das, was wir unter Liebe verstehen? Das ist zur Norm, zur Schablone geworden und ist so überaus persönlich, sinnenhaft und begrenzt, daß die Religionen erklärt haben, daß wirkliche Liebe weit darüber hinaus geht. In der menschlichen Liebe sehen sie Sinnenlust, Wettstreit, Eifersucht, den Wunsch zu besitzen, festzuhalten, zu herrschen, sich in das Denken anderer einzumischen, und da sie um die Komplexität dieser Dinge wissen, sagen sie, daß es eine andere Art der Liebe geben muß, eine göttliche, schöne, unversehrte, unverdorbene.

Überall in der Welt haben die sogenannten Heiligen behauptet, daß es unheilvoll sei, eine Frau anzusehen; sie sagen, daß man Gott nicht näher kommen könne, wenn man der Sexualität fröne. Daher stoßen sie sie beiseite, obgleich sie sich danach verzehren. Indem sie aber die Sexualität verneinen, ist es gerade so, als ob sie sich die Augen ausstächen und die Zunge ausrissen; denn sie verneinen die ganze Schönheit der Erde. Sie haben Herz und Geist verkümmern lassen, sie sind ausgetrocknete menschliche Wesen, sie haben die Schönheit verbannt, weil die Schönheit mit dem Weiblichen verbunden ist.

Kann Liebe in eine heilige und eine profane, in menschliche und göttliche eingeteilt werden, oder gibt es nur Liebe? Gehört Liebe dem einen und nicht den vielen? Wenn ich sage, ›Ich liebe Dich‹, schließt das die Liebe zu den anderen aus? Ist die Liebe persönlich oder unpersönlich, moralisch oder unmoralisch? Kann es Liebe nur im Rahmen des Familienkreises geben oder auch außerhalb? Wenn Sie die Menschheit lieben, können Sie dann den einzelnen lieben? Ist Liebe Sentimentalität? Ist Liebe Gefühlsregung? Ist Liebe Lust und Verlangen? Alle diese Fragen zeigen doch wohl, daß wir über die Liebe bestimmte Vorstellungen haben, was sie sein sollte oder nicht sein sollte, ein Modell oder einen Kodex, entwickelt durch die Kultur, in der wir leben.

Um nun in die Frage einzudringen, was Liebe ist, müssen wir sie zunächst von der jahrhundertealten Kruste befreien und alle Ideale und Ideologien darüber, was sie sein sollte oder nicht sein sollte, beiseite tun. Etwas aufzuteilen in das, was sein sollte und in das was ist, ist der trügerischste Weg, sich mit dem Leben zu befassen.

Wie kann ich nun herausfinden, was diese Flamme ist, die wir Liebe nennen — nicht wie sie einem anderen zu erklären ist, sondern was sie an sich bedeutet? Ich werde zunächst ausscheiden, was die Kirche, was die Gesellschaft, was meine Eltern und Freunde, was jeder einzelne und jedes Buch darüber gesagt haben, weil ich selbst herausfinden möchte, was sie ist. Hier liegt ein gewaltiges Problem, das die ganze Menschheit umfaßt. Es hat tausend Arten gegeben, sie zu definieren, und ich bin selbst in irgendeine dieser Schablonen eingefangen, je nach dem, was mir im Augenblick gefällt oder woran ich mich erfreue. Sollte ich mich daher nicht, um die Liebe zu verstehen, zuerst von meinen eigenen Neigungen und Vorurteilen befreien? Ich bin verwirrt, durch meine eigenen Wünsche zersplittert; darum sage ich mir, ›Beseitige zunächst Deine eigene Verwirrung. Vielleicht gelingt es Dir, die Liebe durch das zu finden, was sie nicht ist.‹

Die Regierung sagt, ›Gehe hin und töte aus Liebe zu Deinem Vaterland.‹ Ist das Liebe? Die Religion sagt, ›Gib die Sexualität aus Liebe zu Gott auf.‹ Ist das Liebe? Ist Liebe Begehren? Sagen Sie nicht nein. Für die meisten von uns ist es so — das Begehren nach Sinnenlust, der Genuß, der durch die Sinne, durch sexuelle Bindung und Erfüllung erlangt wird. Ich bin nicht gegen Sexualität, sehe aber, was sie in sich birgt. Was Sexualität Ihnen vorübergehend schenkt, ist die völlige Preisgabe Ihrer selbst, dann aber fallen Sie zurück in Ihre Unruhe und wünschen eine ständige Wiederholung jenes Zustandes, in dem es keinen Kummer, kein Problem, kein Selbst gibt. Sie sagen, daß Sie Ihre Frau lieben. In dieser Liebe ist sexuelle Lust enthalten, das angenehme Gefühl, jemanden im Hause zu haben, der nach Ihren Kindern sieht, der kocht. Sie sind von ihr abhängig; sie hat Ihnen ihren Körper gegeben, ihre Gefühle, hat Sie angespornt und Ihnen ein gewisses Gefühl der Sicherheit und des Wohlseins vermittelt. Dann wendet sie sich von Ihnen ab; sie langweilt sich oder geht mit einem anderen davon. Damit ist es um Ihre Gemütsruhe geschehen, und diese Störung, die Sie nicht mögen, wird Eifersucht genannt. Darin liegt Leid, Angst, Haß und Gewalttätigkeit. In Wirklichkeit meinen Sie, ›Solange Du mir gehörst, liebe ich Dich, aber in dem Augenblick, da Du mir nicht mehr gehörst, beginne ich Dich zu hassen. Solange ich mich darauf verlassen kann, daß Du meine sexuellen oder anderen Wünsche erfüllst, liebe ich Dich; aber in dem Augenblick, da Du aufhörst, meine Wünsche zu befriedigen, mag ich Dich nicht mehr.‹ So kommt es zur Feindschaft zwischen Ihnen, zur Trennung, und in diesem Zustand gibt es keine Liebe mehr. Aber wenn Sie mit Ihrer Frau leben können, ohne daß das Denken alle diese widersprüchlichen Zustände, diese endlosen Streitereien in Ihnen hervorruft, dann vielleicht — *vielleicht* — werden Sie wissen, was Liebe ist. Dann sind Sie völlig ungebunden, und Ihre Frau ist es auch. Wenn Sie jedoch durch das Verlangen nach den Freuden des Daseins von ihr abhängig werden, sind Sie ihr Sklave. Wenn man liebt, muß Freiheit da sein, nicht nur von dem anderen, sondern auch von sich selbst.

Einem anderen anzugehören, von einem anderen seelisch gestützt zu werden, von einem anderen abhängig zu sein — dadurch entsteht innere Unruhe, Furcht, Eifersucht, Schuldgefühl. Und solange Furcht da ist, gibt es keine Liebe. Ein Mensch, der von Kummer geplagt wird, kann niemals wissen, was Liebe ist. Sentimentalität und Gefühlsüberschwang haben nichts mit Liebe zu tun. Und so ist Liebe mehr als nur Vergnügen und Begehren.

Liebe ist nicht die Frucht der Gedanken, die immer aus dem Vergangenen kommen. Aus dem Denken kann sich unmöglich Liebe entwickeln. Liebe wird nicht durch Eifersucht eingeengt und eingefangen, denn auch Eifersucht hängt mit dem Vergangenen zusammen. Liebe ist immer lebendige Gegenwart. Sie ist nicht ›Ich will lieben‹ oder ›Ich habe geliebt.‹ Wenn Sie die Liebe kennen, werden Sie niemandem folgen; Liebe gehorcht nicht. Wenn Sie lieben, gibt es weder Wertschätzung noch Geringschätzung.

Wissen Sie nicht, was es wirklich bedeutet, jemanden zu lieben — ohne Haß zu lieben, ohne Eifersucht, ohne Ärger, ohne den Wunsch, sich in das, was der andere tut oder denkt, einzumischen, ohne zu urteilen, ohne zu vergleichen —, wissen Sie nicht, was das bedeutet? Stellt man Vergleiche an, wenn man liebt? Wenn Sie jemanden von ganzem Herzen lieben, mit allen Kräften des Geistes und des Körpers, mit Ihrem ganzen Wesen — gibt es da noch ein Vergleichen? Wenn Sie sich dieser Liebe völlig hingeben, gibt es nichts anderes.

Kennt Liebe das Gefühl der Verantwortung und der Pflicht, und wird sie diese Worte gebrauchen? Wenn Sie etwas aus Pflicht tun, liegt darin noch Liebe? In der Pflicht gibt es keine Liebe. Der Begriff der Pflicht, der den Menschen gefangenhält, zerstört ihn. Solange Sie gezwungen sind, etwas zu tun, weil es Ihre Pflicht ist, lieben Sie das nicht, was Sie tun. Wo Liebe ist, gibt es kein Gefühl der Pflicht und der Verantwortung.

Die meisten Eltern glauben bedauerlicherweise, daß sie für ihre Kinder verantwortlich sind, und ihr Verantwortungsgefühl besteht darin, den Kindern zu sagen, was sie tun sollen und was sie nicht tun sollen, was sie werden sollen und was sie nicht werden sollen. Die Eltern wünschen, daß ihre Kinder eine gesicherte Stellung in der Gesellschaft erlangen. Was sie Verantwortung nennen, ist Teil der Konvention, die sie anbeten; und es scheint mir, daß dort, wo konventionelle Regeln bestehen, Unordnung herrscht; sie sind nur daran interessiert, perfekte Bürger zu werden. Wenn sie ihre Kinder abrichten, sich in die Gesellschaft einzufügen, verewigen sie Krieg, Konflikt und Brutalität. Nennen Sie das Obhut und Liebe?

Eine wirkliche Betreuung würde darin bestehen, sich wie um einen Baum oder eine Pflanze zu bemühen, die man bewässert, deren Bedürfnisse man studiert; man sorgt für den besten Boden und kümmert sich um sie mit aller Umsicht und Zartheit. Aber wenn Sie Ihre Kinder für die Gesellschaft abrichten, bereiten Sie sie dafür vor, getötet zu werden. Wenn Sie Ihre Kinder liebten, würden Sie keinen Krieg haben.

Wenn Sie jemanden verlieren, den Sie lieben, vergießen Sie Tränen — gelten diese Tränen Ihnen oder dem Toten? Wehklagen Sie Ihretwillen oder beklagen Sie den anderen? Haben Sie je um einen anderen geweint? Haben Sie um Ihren Sohn, der auf dem Schlachtfeld getötet wurde, geweint? Sie haben geweint, aber kommen solche Tränen nicht aus dem Mitleid, das Sie mit sich selbst haben? Oder haben Sie geweint, weil ein Mensch getötet worden ist? Wenn Sie aus Selbstbemitleidung aufschreien, haben Ihre Tränen keine Bedeutung, weil Sie nur mit sich selbst beschäftigt sind. Wenn Sie jammern, weil Sie eines Menschen beraubt wurden, in den Sie sehr viel Zuneigung investiert hatten, war das keine wirkliche Zuneigung. Wenn Sie um Ihren Bruder weinen, der stirbt, dann sollten Sie es um seinetwillen tun. Es ist sehr leicht, um sich selbst zu wehklagen, weil der andere gestorben ist. Augenscheinlich weinen Sie, weil ihr Herz getroffen wurde, aber es ist nicht seinetwillen bewegt, sondern weil Sie sich selbst leid tun. Selbstbemitleidung aber macht Sie hart, engt Sie ein, macht Sie träge und stumpf.

Wenn Sie um sich selbst weinen, wenn Sie wehklagen, weil Sie einsam sind, weil Sie verlassen wurden, weil Sie keinen Einfluß mehr haben, wenn Sie über Ihr Schicksal und Ihre Umwelt klagen und immer um sich selbst Tränen vergießen — ist das Liebe? Wenn Sie das verstehen, das heißt, wenn Sie damit unmittelbar in Kontakt kommen, wie wenn Sie einen Baum oder eine Säule oder eine Hand berühren, dann werden Sie einsehen, daß das Leid selbsterzeugt ist, daß das Leid durch das Denken geschaffen wird, daß das Leid das Ergebnis der Zeit ist. Vor drei Jahren hatte ich noch meinen Bruder, nun ist er tot, nun bin ich einsam und voller Kummer, niemand ist da, bei dem ich Trost oder Kameradschaft suchen kann, und das füllt meine Augen mit Tränen.

Wenn Sie darauf achtgeben, können Sie sehen, wie das alles in Ihnen vor sich geht. Sie können es mit einem Blick in seiner ganzen Bedeutung wahrnehmen, ohne durch Analyse Zeit zu verschwenden. In einem Augenblick können Sie das gesamte Gefüge und Wesen dieses belanglosen kleinen Dinges sehen, das wir das ›Ich‹ nennen — *meine* Tränen, *meine* Familie, *meine* Nation, *mein* Glaube, *meine* Religion—, dieses Häßliche, es liegt alles in Ihnen. Wenn Sie es mit Ihrem Herzen sehen, nicht mit Ihrem Verstand, wenn Sie es aus der Tiefe Ihres Herzens erkennen, dann haben Sie den Schlüssel zur Beendigung des Leides.

Leid und Liebe können nicht zusammen gehen. Aber in der christlichen Welt haben sie das Leid idealisiert, haben ihm im Kreuz Gestalt gegeben, es angebetet und deutlich gemacht, daß Sie niemals dem Leid entrinnen können, ausgenommen durch dieses eine bestimmte Tor. Das ist die wahre Struktur einer ausbeuterischen religiösen Gesellschaft.

Wenn Sie nun fragen, was Liebe ist, mögen Sie sich davor fürchten, die Antwort zu finden. Es mag einen völligen Umbruch bedeuten; die Familie mag aufgelöst werden; Sie mögen entdecken, daß Sie Ihre Frau oder Ihren Mann oder Ihre Kinder gar nicht lieben. Vielleicht müssen Sie das Haus zerstören, das Sie gebaut haben; vielleicht gehen Sie niemals wieder in den Tempel.

Aber wenn Sie dennoch den Wunsch haben, es herauszufinden, werden Sie erkennen, daß Furcht nicht Liebe ist, daß Abhängigkeit nicht Liebe ist, daß Eifersucht nicht Liebe ist, daß Besitzgier und Herrschsucht mit Liebe nichts zu tun haben, daß Verantwortungs- und Pflichtgefühl keine Liebe sind, daß Selbstbemitleidung keine Liebe ist, daß der Schmerz, nicht geliebt zu werden, keine Liebe ist. Liebe ist nicht das Gegenteil des Hasses, ebensowenig wie Demut der Gegensatz zur Eitelkeit ist. Wenn Sie das alles aus sich entfernen können, nicht durch Zwang, sondern indem Sie diese Dinge fortspülen, so wie der Regen den Staub vieler Tage von einem Blatt wäscht, dann werden Sie vielleicht zu jener seltsamen Blume hinfinden, nach der der Mensch immer hungert.

Wenn Sie keine Liebe in sich haben — nicht nur ein wenig, sondern in Hülle und Fülle —, wenn Sie davon nicht erfüllt sind, geht die Welt einer Katastrophe entgegen. Verstandesmäßig ist es Ihnen klar, daß die Einheit der Menschheit unbedingt notwendig ist und daß die Liebe der einzige Weg ist — aber wer wird es Sie lehren, wie Sie lieben sollen? Kann es Ihnen eine Autorität, eine Methode, ein System sagen, wie zu lieben ist? Wenn es Ihnen jemand sagt, ist es keine Liebe. Können Sie sich vornehmen, Liebe zu üben? Können Sie sagen, ›Ich will mich Tag für Tag niedersetzen und darüber nachdenken; ich will mich darin üben, freundlich und zartfühlend zu sein, und mich zwingen, den anderen Aufmerksamkeit zu schenken‹? Wollen Sie behaupten, daß Sie sich zur Liebe erziehen können, daß Sie den Willen einsetzen können, um zu lieben? Wenn Sie Disziplin und Willen gebrauchen, um zu lieben, fliegt die Liebe zum Fenster hinaus. Wenn Sie die Liebe nach einer Methode oder einem System praktizieren, mögen Sie außerordentlich geschickt werden oder freundlicher, oder Sie mögen in einen Zustand der Gewaltlosigkeit geraten, aber das hat nichts mit Liebe zu tun.

In dieser zerrissenen, wüsten Welt gibt es keine Liebe, weil Vergnügen und Begehren die Hauptrollen spielen. Doch ohne Liebe hat Ihr Leben keinen Sinn. Und ohne Schönheit ist keine Liebe möglich. Schönheit ist nicht etwas, das Sie sehen — nicht ein schöner Baum, ein schönes Bild, ein schönes Gebäude oder eine schöne Frau. Schönheit ist nur vorhanden, wenn Sie im tiefsten Herzen wissen, was Liebe ist. Ohne Liebe und ohne das Gefühl für Schönheit gibt es keine Tugend, und Sie wissen sehr wohl, daß Sie mit all Ihrem Tun — die Gesellschaft verbessern, den Armen zu essen geben — nur mehr Unheil schaffen werden, denn ohne Liebe ist in Ihrem Herzen und in Ihrem Geist nur Häßlichkeit und Armut. Aber wenn Liebe und Schönheit in Ihnen wohnen, ist alles, was Sie tun, richtig, ist alles, was Sie tun, in Ordnung. Wenn Sie zu lieben wissen, dann können Sie tun, was Sie wollen, dann werden sich alle Probleme lösen.

So kommen wir zu der Frage: Kann der Mensch zur Liebe gelangen ohne Disziplin, ohne Gedanken, ohne Zwang, ohne irgendein Buch, einen Lehrer, einen Führer — kann er ihr begegnen, so wie man einen lieblichen Sonnenuntergang erlebt?

Ich glaube, daß eines absolut notwendig ist — und das ist Leidenschaft ohne Motiv, eine Leidenschaft, die nicht das Ergebnis irgendeiner Bindung oder Neigung ist, eine Leidenschaft, die nicht Lust ist. Ein Mensch, der nicht weiß, was Leidenschaft ist, wird nie um die Liebe wissen, weil die Liebe sich nur bei völliger Selbstlosigkeit entfalten kann.

Ein Mensch, der auf der Suche ist, hat keine Leidenschaft. Der Liebe zu begegnen, ohne sie zu suchen, ist der einzige Weg, sie zu finden; man muß ihr unbeabsichtigt begegnen und nicht durch Anstrengung oder Erfahrung. Sie werden entdecken, daß eine solche Liebe zeitlos ist. Solche Liebe ist sowohl persönlich als auch unpersönlich, Sie gehört dem einen wie den vielen. Sie ist wie eine duftende Blume; sie können ihren Duft wahrnehmen oder an ihr vorübergehen. Diese Blume ist für jeden da und besonders für den einen, der sich die Zeit nimmt, ihren Duft innig einzuatmen und sie mit Entzücken anzuschauen. Ob man ihr im Garten ganz nahe ist oder weit entfernt, für die Blume ist es das gleiche, weil sie voll des Duftes ist und ihn für jeden verströmt.

Liebe ist immer neu, frisch, lebendig. Sie hat kein Gestern und kein Morgen. Sie ist jenseits der gedanklichen Unruhe. Nur der unschuldige Mensch weiß, was Liebe ist, und der unschuldige Mensch kann in einer Welt leben, die ohne Unschuld ist. Dieses Ungewöhnliche, das der Mensch ewig gesucht hat — durch Opfer, durch Anbetung, durch Beziehungen, durch Sexualität, durch jede Art von Lust und Leid —, wird er nur finden, wenn es dem Denken gelingt, sich selbst zu verstehen und auf natürlichem Wege zu einem Ende zu kommen. Dann hat die Liebe keinen Gegenspieler, dann ist die Liebe ohne Konflikt.

Sie mögen fragen, ›Wenn ich eine solche Liebe finde, was geschieht dann mit meiner Frau, meinen Kindern, meiner Familie? Diese müssen Sicherheit haben.‹ Wenn Sie eine solche Frage stellen, waren Sie nie außerhalb des Gedankenbereichs, des Bewußtseinsraumes. Wenn Sie einmal außerhalb dieser Ebene waren, werden Sie niemals wieder eine solche Frage stellen, weil Sie dann wissen werden, was eine Liebe ist, in der es kein Denken und daher keine Zeit gibt.

Sie mögen dieses lesen und fasziniert und entzückt sein. Um aber wirklich über Denken und Zeit hinauszugelangen und jenseits des Leides zu sein, bedeutet, sich dessen bewußt zu sein, daß es eine andere Dimension gibt, Liebe genannt.

Aber Sie wissen nicht, wie Sie zu dieser ungewöhnlichen Quelle gelangen können — was werden Sie also tun? Wenn Sie nicht wissen, was Sie tun sollen, dann tun Sie doch wohl nichts. Absolut nichts! Dann sind Sie innerlich vollkommen still. Verstehen Sie, was das bedeutet? Das bedeutet, daß Sie nicht suchen, nicht wünschen, kein Ziel verfolgen; es gibt überhaupt kein Zentrum mehr. Dann ist Liebe da.

Schönheit

Wir haben das Wesen der Liebe erforscht und sind zu einem Punkt gekommen, der es erfordert, daß wir noch tiefer in das Problem eindringen, es uns noch stärker bewußt machen. Wir haben entdeckt, daß Liebe für die meisten Menschen Trost und Sicherheit bedeutet, ihnen eine Gewähr ständiger gefühlsmäßiger Befriedigung für den Rest ihres Lebens bietet. Dann kommt einer wie ich daher und sagt, ›Ist das wirklich Liebe?‹, und befragt Sie und bittet Sie, in sich hineinzuschauen. Und Sie wagen es nicht hinzuschauen, weil es so beunruhigend ist. Sie würden lieber über die Seele oder die politische oder wirtschaftliche Situation diskutieren. Aber wenn Sie in die Enge getrieben werden und hinschauen müssen, dann erkennen Sie, daß das, was Sie immer für Liebe gehalten haben, gar keine Liebe ist; es ist eine wechselseitige Befriedigung, eine gegenseitige Ausbeutung.

Wenn ich sage, ›Liebe hat kein Morgen und kein Gestern‹, oder ›wenn es kein Zentrum, kein Ich mehr gibt, ist Liebe da‹, dann hat das für mich Realität, aber nicht für Sie. Sie mögen es zitieren und es zu einer Formel machen, aber das ist ohne Gültigkeit. Sie müssen es selbst sehen! Aber um schauen zu können, müssen Sie ungebunden sein, frei von jeder Verdammung, Beurteilung, Zustimmung oder Ablehnung.

Nun, zu schauen ist eines der schwierigsten Dinge im Leben — oder zu lauschen; Schauen und Lauschen sind das gleiche. Wenn Ihre Augen durch Plackerei blind geworden sind, können Sie die Schönheit eines Sonnenunterganges nicht wahrnehmen. Die meisten von uns haben die Verbindung mit der Natur verloren. Die Zivilisation richtet sich immer mehr auf die großen Städte aus. Wir werden immer mehr zu Stadtmenschen, leben in überfüllten Wohnungen und haben kaum noch Raum genug, um abends oder morgens in den Himmel zu schauen. Dadurch geht uns sehr viel Schönheit verloren. Ich weiß nicht, ob Sie bemerkt haben, wie wenige Menschen einen Sonnenaufgang oder einen Sonnenuntergang oder das Mondlicht oder die Lichtspiegelung auf dem Wasser betrachten.

Da wir die Verbindung mit der Natur verloren haben, neigen wir unbewußt dazu, intellektuelle Fähigkeiten zu entwickeln. Wir lesen viele Bücher, besuchen viele Museen und Konzerte, schauen in den Fernsehapparat und haben viele andere Ablenkungen. Wir zitieren endlos die Ansichten anderer Leute und denken und sprechen viel über die Kunst. Wie kommt es, daß wir so sehr von der Kunst abhängig sind? Ist es eine Art Flucht, ein gewisser Anreiz? Wenn Sie in unmittelbarem Kontakt mit der Natur sind, wenn Sie einen Vogel im Fluge beobachten, wenn Sie die wechselnde Schönheit des Himmels sehen, die Schatten über den Hügeln betrachten oder die

Schönheit auf dem Antlitz eines Menschen, glauben Sie, daß Sie dann noch den Wunsch haben, in ein Museum zu gehen, um sich ein Bild anzuschauen? Weil Sie nicht wissen, wie Sie die vielen Dinge um sich herum betrachten sollen, nehmen Sie vielleicht Zuflucht zu irgendeinem Rauschmittel, das Ihnen zu einem besseren Sehen verhelfen soll.

Es gibt eine Erzählung über einen religiösen Lehrer, der an jedem Morgen zu seinen Jüngern zu sprechen pflegte. Eines Morgens begab er sich zu seinem erhöhten Sitz und wollte gerade beginnen, als ein kleiner Vogel kam, sich auf das Fensterbrett setzte und zu singen begann und nicht aufhörte, aus voller Kehle zu singen. Dann schwieg er und flog davon, und der Lehrer sagte, ›Die Predigt für heute morgen ist beendet.‹

Ich halte es für eine der größten Schwierigkeiten, wirklich klar zu sehen, nicht nur die äußeren Dinge, sondern auch das innere Leben. Wenn wir sagen, daß wir einen Baum oder eine Blume oder einen Menschen sehen, sehen wir sie dann wirklich? Oder sehen wir nur das Bild, das durch das Wort geschaffen wurde? Das heißt, wenn Sie einen Baum oder eine lichtüberstrahlte Wolke am Abendhimmel betrachten, sehen Sie sie dann wirklich, nicht nur mit Ihren Augen und Ihrem Verstand, sondern ganz hingegeben?

Haben Sie jemals versucht, auf einen Gegenstand, zum Beispiel auf einen Baum ohne jede Gedankenverbindung zu schauen, ohne Ihr erworbenes Wissen über diesen Baum, ohne eine vorgefaßte Meinung, ohne jedes Urteil? Denn Worte werden zu einer Scheidewand zwischen Ihnen und dem Baum und hindern Sie daran, ihn so zu sehen, wie er tatsächlich ist. Versuchen Sie es, und sehen Sie, was sich tatsächlich ereignet, wenn Sie sich dem Baum ganz zuwenden und ihn voller Hingabe betrachten. Wenn Sie das intensiv tun, werden Sie erfahren, daß es keinen Beobachter mehr gibt; da ist nur Achtsamkeit. Wenn wir unachtsam sind, gibt es den Beobachter und das Beobachtete. Wenn Sie aber etwas mit vollkommener Achtsamkeit betrachten, ist kein Platz mehr für eine Begriffsbildung, eine Formel oder eine Erinnerung. Es ist sehr wichtig, das zu verstehen, weil wir in etwas eindringen, das einer sehr sorgfältigen Untersuchung bedarf.

Nur ein Mensch, der mit vollkommener Selbsthingabe auf einen Baum oder die Sterne oder das glitzernde Wasser eines Flusses schaut, weiß, was Schönheit ist; und wenn wir wirklich *sehen*, sind wir in einem Zustand der Liebe. Wir kennen Schönheit im allgemeinen durch Vergleich oder durch das, was der Mensch geschaffen hat, und das bedeutet, daß wir die Schönheit einem Objekt zuordnen. Wenn ich ein Gebäude betrachte und es schön finde, würdige ich seine Schönheit aufgrund meiner Kenntnis der Architektur und indem ich es mit anderen Gebäuden, die ich gesehen habe, vergleiche. Aber jetzt frage ich mich, ›Gibt es eine Schönheit ohne Objekt?‹ Wenn ein Beobachter da ist, der zugleich der Zensor, der Erfahrende, der Denker ist, ist keine Schönheit vorhanden, weil Schönheit dann etwas Äußerliches ist, etwas, das der Beobachter betrachtet und beurteilt; wenn es aber keinen Beobachter gibt — und das verlangt tiefe Meditation und Erforschung —, dann besteht Schönheit ohne Objekt.

Schönheit liegt in der völligen Preisgabe des Beobachters und des Beobachteten, und Selbsthingabe kann es nur in strenger Einfachheit geben — nicht in der Strenge der Priester mit ihrer Härte, ihren Vorschriften, Regeln und ihrer Gehorsamspflicht, nicht in der Einfachheit der Bekleidung, der Ideen, der Nahrung und des Benehmens —, sondern es ist eine selbstverständliche Einfachheit, die völlige Demut ist. Dann gibt es keine Zielsetzung, keine Leiter, die zu erklimmen ist. Es gibt nur den ersten Schritt, und dieser erste Schritt ist der ewigwährende Schritt.

Nehmen wir an, daß Sie allein oder mit einem anderen spazierengehen und aufgehört haben zu reden. Sie sind inmitten der Natur; kein Hund bellt, kein vorbeifahrendes Auto ist zu hören, nicht einmal das Geflatter eines Vogels. Sie sind völlig still, und auch die Natur um Sie herum ist voller Stille. In diesem Zustand des Schweigens, sowohl in dem Beobachter als auch in dem Beobachteten — wenn der Beobachter das, was er beobachtet, nicht in Denken umsetzt —, in diesem Schweigen liegt eine ganz andere Schönheit. Da gibt es weder die Natur noch den Beobachter. Da ist der Mensch völlig allein, ganz und gar allein. Er ist allein — nicht in Isolierung —, allein in völliger Stille, und diese Stille ist Schönheit. Wenn Sie lieben, gibt es da noch einen Beobachter? Ein Beobachter ist nur vorhanden, wenn Liebe Begehren und Vergnügen ist. Wenn Liebe nicht mehr mit Begehren und Lust verbunden ist, dann ist sie tief und zart. Sie ist gleich der Schönheit etwas völlig Neues — an jedem Tag. Sie hat, wie ich sagte, kein Gestern und kein Morgen.

Nur wenn wir ohne jede vorgefaßte Meinung, ohne Leitbild sehen, sind wir fähig, mit allen Gegebenheiten des Lebens unmittelbar Kontakt zu haben. Unsere ganzen Beziehungen sind in Wirklichkeit nur eingebildet, das heißt, sie basieren auf Vorstellungen, die vom Denken ausgehen. Wenn ich von Ihnen ein Bild habe, und Sie haben ein Bild von mir, so sehen wir einander natürlich nicht so, wie wir wirklich sind. Was wir sehen, sind die Bilder, die wir voneinander geschaffen haben und die uns verhindern, miteinander in Kontakt zu kommen; und aus diesem Grunde klappt es mit unseren Beziehungen nicht.

Wenn ich sage, ›Ich kenne Sie‹, meine ich damit, daß ich Sie gestern kannte. Ich weiß nicht, wie Sie *jetzt* sind. Alles, was ich kenne, ist meine Vorstellung von Ihnen. Dieses Bild setzt sich zusammen aus dem, was Sie zu meinem Lob oder meinem Tadel gesagt haben, wie Sie sich mir gegenüber benommen haben. Das Bild ist zusammengestückelt aus allen Erinnerungen an Sie — und Ihr Bild von mir ist auf die gleiche Art entstanden. Und diese bildbedingten Beziehungen hindern uns an einer wirklichen gegenseitigen Verständigung.

Zwei Menschen, die lange Zeit zusammen gelebt haben, tragen ein Bild voneinander in sich, das eine echte gegenseitige Beziehung verhindert. Wenn wir das Problem der Beziehungen verstehen, können wir miteinander arbeiten; eine Zusammenarbeit wird aber durch Bilder, durch Symbole, durch ideologische Vorstellungen unmöglich. Nur wenn wir um die echte gegenseitige Beziehung wissen, ist Liebe möglich, und Liebe wird durch Bilder, die wir uns schaffen, verneint. Darum ist es wichtig, daß wir erkennen — nicht mit dem Verstand, sondern als Tatsachen unseres täglichen Lebens —, wie wir Bilder von unserer Ehefrau, unserem Ehemann, unseren Nachbarn, unserem Kind, unserem Vaterland, unseren Führern, unseren Politikern, unseren Göttern aufgebaut haben — wir haben nichts als Bilder.

Diese Bilder erzeugen den Abstand zwischen Ihnen und dem, was Sie beobachten, und in diesem Raum liegt der Konflikt. Wir wollen daher jetzt herausfinden, ob es möglich ist, von dem Raum frei zu sein, den wir nicht nur außerhalb von uns, sondern auch in uns schaffen, von der Distanz, die die Menschen in allen ihren Beziehungen trennt.

Nun, die tiefe Aufmerksamkeit, mit der Sie sich einem Problem zuwenden, ist die Kraft, die dieses Problem löst. Wenn Sie voller Achtsamkeit sind, das heißt mit allem, was in Ihnen ist, dann gibt es keinen Beobachter mehr. Dann ist nur der Zustand der Achtsamkeit da — eine totale Energie, und diese Energie ist höchste Intelligenz. Natürlich muß der Geist in diesem Zustand vollkommen ruhig sein, und dieses Schweigen, diese Stille kommt mit der völligen Achtsamkeit; es ist nicht eine Stille, die durch Schulung gewonnen wurde. Dieses völlige Schweigen, in dem es weder den Beobachter noch den beobachteten Gegenstand gibt, ist die höchste Form eines religiösen Geistes. Was sich aber in diesem Zustand ereignet, kann nicht in Worte gefaßt werden; denn das, was mit Worten gesagt wird, ist nicht die Tatsache. Um es zu entdecken, müssen Sie es selbst erleben.

Jedes Problem ist mit jedem anderen Problem verknüpft. Wenn Sie ein Problem vollkommen lösen können — es kommt nicht darauf an, welcher Art es ist —, werden Sie sehen, daß Sie fähig sind, allen anderen Problemen mühelos zu begegnen und sie zu lösen. Wir sprechen selbstverständlich von psychologischen Problemen. Wir haben bereits gesehen, daß ein Problem nur in der Zeit existiert, das heißt, wenn wir das Problem nicht sogleich und richtig anpacken. Darum müssen wir nicht nur der Natur und der Struktur des Problems gewahr sein und es ganz und gar sehen, sondern müssen es erfassen, da es auftaucht, und es augenblicklich lösen, so daß es im Bewußtsein keine Wurzeln schlagen kann. Wenn man duldet, daß ein Problem einen Monat oder einen Tag oder auch nur ein paar Minuten andauert, dann zerstört es den Geist. Ist es nun möglich, einem Problem unmittelbar entgegenzutreten, ohne jede Verdrehung, und sich augenblicklich und vollkommen von ihm zu lösen, ohne daß eine Erinnerung, eine Schramme zurückbleibt? Diese Erinnerungen sind die Bilder, die wir mit uns herumtragen, und mit diesen Bildern treten wir diesem Ungewöhnlichen, das wir Leben nennen, entgegen; daraus entsteht dann Widerspruch und folglich Konflikt. Das Leben ist äußerst real, es ist keine Abstraktion, und wenn Sie ihm mit Bildern begegnen, entstehen Probleme.

Trennender Raum

Ist es möglich, jedem Problem ohne dieses Raum-Zeit-Intervall entgegenzutreten, ohne die Kluft zwischen sich und dem, wovor man sich fürchtet? Es ist nur möglich, wenn der Beobachter nicht fortbesteht, der Beobachter, der die Bilder schafft, der eine Kollektion von Erinnerungen und Ideen ist, ein Bündel abstrakter Begriffe.

Wenn Sie auf die Sterne schauen, sind Sie es — ein Mensch, der auf den Sternenhimmel schaut. Der Himmel ist überflutet mit leuchtenden Sternen, kühl ist die Luft, und da stehen Sie, der Beobachter, der Erfahrende, der Denker, Sie mit Ihrem sehnsuchtsvollen Herzen, Sie, das Zentrum, das den Zwischenraum erzeugt. Sie werden nichts von dem Raum zwischen sich und den Sternen verstehen, zwischen sich und Ihrer Ehefrau oder dem Ehemann oder dem Freund, weil Sie niemals ohne das Bild geschaut haben. Und darum wissen Sie nicht, was Schönheit ist, was Liebe ist. Sie sprechen darüber, Sie schreiben darüber, aber Sie haben sie niemals erfahren, ausgenommen vielleicht in seltenen Augenblicken völliger Selbstpreisgabe. Solange ein Zentrum besteht, das den Abstand erzeugt, gibt es weder Liebe noch Schönheit. Wenn kein Zentrum da ist und kein trennender Umkreis, dann ist Liebe da. Und wenn Sie lieben, sind Sie Schönheit.

Wenn Sie auf ein Gesicht Ihnen gegenüber schauen, tun Sie es von einem Zentrum aus, und dieses Zentrum erzeugt die Distanz zwischen Mensch und Mensch. Darum ist unser Leben so leer, darum sind wir so gleichgültig. Sie können Liebe und Schönheit nicht entwickeln, Sie können auch die Wahrheit nicht einladen; aber wenn Sie jederzeit dessen gewahr sind, was Sie tun, können Sie das Gewahrsein verfeinern, und in diesem Gewahrsein fangen Sie an einzusehen, was es mit der Freude, dem Verlangen und dem Leid auf sich hat. Sie sehen die unsägliche Einsamkeit und Langeweile des Menschen, und dann werden Sie auf das treffen, das »Raum« genannt wird.

Solange ein Abstand zwischen Ihnen und dem Objekt, das Sie betrachten, besteht, werden Sie erleben, daß keine wahre Liebe möglich ist, und ohne Liebe — wie sehr Sie sich auch anstrengen mögen, die Welt zu reformieren oder eine neue soziale Ordnung hervorzubringen, wieviel Sie auch über Verbesserungen sprechen mögen —, ohne Liebe werden Sie nur weiteres Elend erzeugen. Darum liegt es an Ihnen! Es gibt keinen Führer, es gibt keinen Lehrer, es gibt niemanden, der Ihnen sagt, was zu tun ist. Sie sind allein in dieser verrückten, brutalen Welt.

Der Beobachter und das Beobachtete

Lassen Sie uns bitte zusammen ein wenig weitergehen. Es mag ziemlich verwickelt, ziemlich schwierig sein, aber bitte, lassen Sie uns fortfahren.

Wenn ich mir ein Bild von Ihnen oder von irgendeiner Sache mache, bin ich in der Lage, dieses Bild zu betrachten. Es ist also das Bild da und der Beobachter dieses Bildes. Nehmen wir an, ich sehe jemanden, der ein rotes Hemd trägt, und meine unmittelbare Reaktion ist, daß es mir gefällt oder daß ich es nicht mag. Vorliebe oder Abneigung sind das Ergebnis meiner Bildung, meiner Erziehung, meines Umgangs, meiner Neigungen, meiner erworbenen und ererbten Eigenschaften. Von diesem Zentrum aus beobachte ich und bilde mein Urteil. Daraus folgt, daß der Beobachter von dem, was er beobachtet, getrennt ist.

Aber der Beobachter ist nicht nur *eines* Bildes, er ist vieler Bilder gewahr; er erzeugt Tausende von Bildern. Ist nun der Beobachter von diesen Bildern verschieden? Ist er nicht nur ein anderes Bild? Er fügt dem, was er ist, ständig etwas hinzu oder nimmt etwas hinweg. Er ist ein lebendiges Wesen, das — veranlaßt durch äußeren oder inneren Zwang — ständig abwägt, vergleicht, urteilt, modifiziert und sich wandelt. Er lebt auf einer Bewußtseinsebene, die seinem Wissen, den unzähligen Einflüssen und Erwägungen entspricht. Wenn Sie den Beobachter betrachten, der Sie selbst sind, sehen Sie, daß er aus Erinnerungen, Erfahrungen, Zufällen, Einflüssen, Traditionen und einer unendlichen Vielfalt von Kümmernissen besteht — und das alles gehört der Vergangenheit an. So ist der Beobachter beides, die Vergangenheit und die Gegenwart; und der morgige Tag wartet und ist auch ein Teil von ihm. Er ist halb lebendig und halb tot, und in dieser Verfassung schaut er. In diesem geistigen Zustand, der dem Bereich der Zeit angehört, schauen Sie, der Beobachter, auf die Furcht, auf die Eifersucht, auf den Krieg, auf die Familie — diese häßliche, abgekapselte Einheit — und versuchen, mit dem Problem fertig zu werden, das das Beobachtete in Ihnen hervorruft, das heißt mit der Herausforderung, dem Neuen. Sie reagieren auf das Neue immer mit den Begriffen des Alten und sind daher ewig in Konflikt.

Ein Bild, nämlich der Beobachter, beobachtet Dutzende von anderen Bildern um sich herum und in sich, und er sagt, ›Ich liebe dieses Bild, ich werde es bewahren‹, oder ›Ich mag jenes Bild nicht, also werde ich mich davon feimachen.‹ Aber der Beobachter selbst ist aus den vielen Bildern geschaffen worden, die durch die Reaktion auf verschiedene andere Bilder entstanden sind. So kommen wir zu dem Punkt, wo wir sagen können, der Beobachter ist auch das Bild, nur hat er sich abgesondert und beobachtet. Dieser Beobachter, der durch die verschiedenen anderen Bilder entstanden ist, empfindet sich selbst als beständig, und zwischen ihm und den Bildern, die er geschaffen hat, besteht eine Trennung, ein Zeitintervall. Das erzeugt zwischen ihm und den Bildern, von denen er glaubt, daß sie die Ursache seiner Verwirrung sind, Konflikt. So sagt er dann, ›Ich muß diesen Konflikt loswerden‹; aber schon der Wunsch, sich von dem Konflikt zu befreien, erzeugt ein anderes Bild.

Ein unmittelbares Gewahrwerden dieser Dinge ist wirkliche Meditation und offenbart, daß es ein zentrales Bild gibt, das durch alle anderen Bilder geschaffen wurde. Dieses zentrale Bild, der Beobachter, ist zugleich der Zensor, der Erfahrende, der Wertende, der Richter, der der anderen Bilder Herr zu werden, sie zu unterwerfen wünscht oder sie alle vernichten möchte. Die anderen Bilder sind das Resultat der Urteile, Meinungen und Schlußfolgerungen des Beobachters, und der Beobachter ist das Resultat all der anderen Bilder — daher *ist* der Beobachter das Beobachtete.

So hat das unmittelbare Gewahrsein die verschiedenen Zustände unseres Geistes offenbart, hat die verschiedenartigen Bilder und den Widerspruch zwischen den Bildern bloßgelegt, hat den sich daraus ergebenden Konflikt aufgezeigt und die Verzweiflung darüber, nichts dagegen tun zu können, und die verschiedenen Versuche, davor zu fliehen. Das alles ist durch vorsichtiges, zurückhaltendes Gewahrsein offenbart worden, und so wird man sich der Tatsache bewußt, daß der Beobachter das Beobachtete ist. Es ist kein höheres Wesen, das dieser Dinge gewahr wird, es ist kein höheres Selbst — das höhere Wesen, das höhere Selbst sind nur Erfindungen, sind weitere Bilder. Das unmittelbare Schauen hat offenbart, daß der Beobachter das Beobachtete ist.

Wenn Sie sich selbst eine Frage stellen — wer ist dann wohl das Wesen, das die Antwort empfangen wird? Und wer ist das Wesen, das forschen wird? Wenn das Wesen Teil des Bewußtseins ist, Teil des Denkens, dann ist es unfähig herauszufinden. Was es herausfinden kann, ist nur Bestandteil seines Bewußtseins. Daß aber in diesem Zustand noch ein Wesen ist, das sagt, ›Ich muß bewußt sein, ich muß Gewahrsein üben‹, das ist wiederum ein anderes Vorstellungsbild.

Dieses unmittelbare Gewahrsein, daß der Beobachter das Beobachtete ist, ist kein Prozeß der Identifizierung mit dem Beobachteten. Sich mit etwas anderem zu identifizieren, ist ziemlich leicht. Die meisten Menschen identifizieren sich mit etwas — mit ihrer Familie, ihrem Ehemann oder ihrer Ehefrau, ihrer Nation —, und das führt zu großem Elend und schrecklichen Kriegen. Wir meinen hier etwas gänzlich anderes, und wir dürfen es nicht verbal verstehen, sondern müssen es tief innerlich, an der Wurzel unseres Seins erfassen.

Bevor ein Künstler im alten China etwas zu malen begann, einen Baum zum Beispiel, setzte er sich vor den Baum für Tage, Monate, Jahre nieder — es kam nicht darauf an, für wie lange —, bis er der Baum *war*. Er identifizierte sich nicht mit dem Baum, sondern er war der Baum. Das bedeutet, daß zwischen ihm und dem Baum kein Abstand war, kein Raum zwischen dem Beobachter und dem Beobachteten, kein Erfahrender, der die Schönheit, die Bewegung, den Schatten, die Fülle des Laubwerks, die Eigenart der Farben beobachtete. Er war der Baum ganz und gar, und nur in diesem Zustand konnte er malen.

Wenn der Beobachter nicht erkannt hat, daß er das Beobachtete ist, erzeugt jede seiner Handlungen nur eine neue Reihe von Bildern, in die er wieder eingefangen wird. Aber was geschieht, wenn sich der Beobachter bewußt ist, daß er das Beobachtete ist? Gehen Sie langsam vor, sehr langsam, weil es eine höchst verwickelte Sache ist, in die wir jetzt eindringen werden. Was geschieht da? — Der Beobachter handelt überhaupt nicht. Der Beobachter hat immer gesagt, ›Ich muß hinsichtlich dieser Bilder etwas tun, ich muß sie unterdrücken oder ihnen eine andere Form geben.‹ Er ist immer aktiv in bezug auf das Beobachtete, er handelt oder reagiert leidenschaftlich oder gleichgültig, und diese Handlung aus Zuneigung oder Abneigung seitens des Beobachters wird positive Handlung genannt: ›Ich mag es, daher muß ich es halten; ich mag es nicht, daher muß ich es loswerden.‹ Wenn der Beobachter aber erkennt, daß das Ding, das eine Handlung in ihm auslöst, er selbst ist, dann gibt es zwischen ihm und dem Bild keinen Konflikt. *Er ist es selbst.* Er ist davon nicht getrennt. Solange er abgesondert war, tat er etwas dazu oder versuchte etwas zu tun; aber wenn der Beobachter erkennt, daß er es selbst ist, dann gibt es keine Zuneigung oder Abneigung, und der Konflikt hört auf.

Wofür sollte er auch etwas tun? Wenn etwas Sie selber sind, was können Sie dann tun? Sie können nicht dagegen rebellieren oder davor fliehen, Sie können es nicht einmal akzeptieren. *Es ist da.* So hört jede Handlung auf, die das Ergebnis der Reaktion auf eine Zuneigung oder Abneigung ist.

Dann werden Sie zu einem Gewahrsein gelangen, das ungeheuer lebendig ist. Es ist nicht an ein Zentrum oder an ein Bild gebunden. Und aus dieser Intensität unmittelbaren Schauens entsteht eine Achtsamkeit von ganz anderer Beschaffenheit — und der Geist, dem dieses Gewahrsein eigen ist, wird außerordentlich sensitiv und in höchstem Maße intelligent.

Das Denken

Lassen Sie uns nun genau untersuchen, was Denken ist — einerseits seine Bedeutung, die es für unsere tägliche Arbeit hat, bei der es mit Sorgfalt, Logik und Vernunft angewendet werden muß, und jenes andere Denken, das ohne jeden Wert ist. Solange wir nicht diese beiden Arten kennen, können wir unmöglich etwas verstehen, dessen Tiefe für das Denken unerreichbar ist. So wollen wir versuchen, dieses ganze verwickelte Gefüge zu verstehen: was Denken ist, was

Erinnerung ist, wie das Denken entsteht, wie das Denken alle unsere Handlungen bedingt. Und wenn wir das alles verstehen, werden wir vielleicht auf etwas stoßen, das der Gedanke niemals entdeckt hat, zu dem der Gedanke nicht die Tür öffnen kann.

Warum ist das Denken für unser Leben so wichtig geworden — das Denken, das aus Ideen besteht, das der Widerhall angehäufter Erinnerungen in den Gehirnzellen ist? Vielleicht haben viele von Ihnen solch eine Frage nie zuvor gestellt, oder wenn Sie es getan haben, mögen Sie gesagt haben, ›Der Gedanke ist von geringer Bedeutung, wichtig ist das Gefühl.‹ Aber ich sehe nicht, wie Sie diese beiden trennen können. Wenn das Denken den Gefühlen keine Fortdauer gibt, stirbt das Gefühl sehr schnell.

Warum hat nun das Denken in unserem täglichen Leben, in unserem zermürbenden, langweiligen, verängstigten Leben eine so übermäßige Bedeutung gewonnen? Fragen Sie sich das, wie ich mich auch frage: Warum ist man ein Sklave des Denkens, das so geschickt, so verschlagen ist, das zu organisieren versteht, das Dinge in Gang setzen kann, das so viel erfunden, so viel Kriege ausgebrütet hat, das so viel Furcht, so viel Kümmernisse erzeugt hat, das unentwegt Bilder aufbaut und seinem eigenen Schwanz nachjagt, das die Freuden von gestern genossen hat und das diesen Freuden in der Gegenwart und auch in der Zukunft Fortdauer verschafft, das Denken, das immer aktiv, geschwätzig, regsam, gestaltend ist, das wegnimmt und hinzufügt und Mutmaßungen anstellt?

Ideen sind für uns weit wichtiger geworden als die Handlung — Ideen, die von den Intellektuellen auf allen Gebieten so geistreich in Büchern zum Ausdruck gebracht werden. Je gescheiter, je schwerer verständlich diese Ideen sind, um so mehr beten wir sie und die Bücher an, worin sie enthalten sind. Wir *sind* diese Bücher, wir *sind* diese Ideen, so sehr sind wir ihnen unterworfen. Ewig diskutieren wir Ideen und Ideale, und spitzfindig bieten wir Ansichten und Meinungen feil. Jede Religion hat ihr Dogma, ihre Glaubensformel, ihre eigene Tribüne, um zu den Göttern zu gelangen. Die Bedeutung dieses ganzen Ideengebäudes stellen wir in Frage, wenn wir nach dem Anfang des Denkens forschen. Wir haben Ideen und Handlung voneinander getrennt, weil die Ideen immer der Vergangenheit angehören und die Handlung immer der Gegenwart. Das heißt, Leben ist immer die Gegenwart. Wir fürchten uns vor dem Leben, und daher ist für uns die Vergangenheit in Form von Ideen so wichtig geworden.

Es ist wirklich außerordentlich interessant, das Wirken des eigenen Denkens zu beobachten, einfach zu betrachten, wie man denkt, zu sehen, wo diese Reaktion, die wir Denken nennen, ihren Ursprung hat. Offensichtlich im Gedächtnis. Gibt es überhaupt einen Anfang des Denkens? Wenn ja, können wir dann seinen Anfang finden, das heißt, den Anfang der Erinnerung? Denn ohne Gedächtnis hätten wir keine Gedanken.

Wir haben gesehen, wie der Gedanke eine vergangene Freude wachhält und sie fortdauern läßt, und wie der Gedanke auch das Gegenteil der Freude, nämlich die Furcht und den Schmerz aufrechthält; somit ist der Erfahrende, der Denker selbst die Freude und der Schmerz und auch das Wesen, das dieser Freude, diesem Schmerz Nahrung gibt. Der Denker trennt die Freude vom Schmerz. Er sieht nicht ein, daß er in seinem Verlangen nach Freude zugleich Leid und Furcht einlädt. In den menschlichen Beziehungen verlangt der Gedanke immer nach Befriedigung, für die er verschiedene Namen erfindet wie Treue, Helfen, Geben, Unterstützen, Dienen. Ich möchte wissen, warum wir dienen wollen. Jede Tankstelle bietet uns ihre guten Dienste, ihren Service an. Was bedeuten diese Worte: zu helfen, zu geben, zu dienen? Was hat es damit auf sich? Sagt eine Blume, die voller Schönheit, Pracht und Lieblichkeit ist, ›Ich gebe, ich helfe, ich diene‹? *Sie ist* einfach da! Und weil sie nicht versucht, irgend etwas zu tun, schmückt sie die Erde.

Der Gedanke ist so verschlagen, so listig, daß er alles so hinbiegt, wie es ihm gerade paßt; in seinem Verlangen nach Genuß und Vergnugen schmiedet er seine eigenen Fesseln. Der Gedanke ist die Brutstätte der Dualität in all unseren Beziehungen. Wir sind innerlich voller Gewalttätigkeit, die uns Vergnügen bereitet; aber zugleich besteht das Verlangen nach Frieden, der Wunsch, freundlich und zartfühlend zu sein. Das spielt sich ständig in uns ab. Der Gedanke bringt nicht nur diese Dualität, diesen Widerspruch in uns hervor, sondern häuft auch im Gedächtnis die unzähligen Erinnerungen an vergangene Freuden und Leiden an — und aus diesen Erinnerungen wird er wiedergeboren. So ist der Gedanke die Vergangenheit; der Gedanke ist immer alt, wie ich bereits gesagt habe.

Da wir jeder Herausforderung, die immer neu ist, mit Begriffen der Vergangenheit entgegentreten, wird unsere Begegnung mit ihr immer unzulänglich sein, und daher kommt der Widerspruch und der Konflikt und das ganze Elend und Leid, deren Erben wir sind. Unser kleines Gehirn ist in Konflikt mit allem, was es auch tut. Ob es emporstrebt, nachahmt, sich anpaßt, unterdrückt, sublimiert, Rauschmittel nimmt, um sich zu entfalten — was immer es auch tut, es ist in einem Zustand des Konflikts und wird weitere Konflikte hervorbringen.

Diejenigen, die viel denken, sind äußerst materialistisch, weil das Denken Materie ist. Der Gedanke ist ebenso Materie, wie es der Fußboden ist, die Mauer, das Telefon. Energie, die schablonenhaft arbeitet, wird zur Materie. Es gibt Energie, und es gibt Materie. Daraus besteht das Leben. Wir mögen glauben, daß der Gedanke keine Materie ist, aber er ist es. Der Gedanke ist ebenso Materie, wie eine Ideologie es ist. Wo Energie ist, verwandelt sie sich in Materie; Materie und Energie stehen in gegenseitiger Beziehung. Das eine kann ohne das andere nicht existieren; und je mehr Harmonie zwischen beiden besteht, je mehr Gleichheit, um so aktiver sind die Gehirnzellen. Der Gedanke hat dieses Gewebe von Freuden, Schmerzen und Ängsten geschaffen, und hat darin seit Jahrtausenden gewirkt und kann die Schablone nicht zerbrechen, weil er sie hervorgebracht hat.

Eine neue Tatsache kann nicht durch das Denken wahrgenommen werden. Sie kann später durch das Denken dem Worte nach begriffen werden; aber das Verständnis für eine neue Tatsache ist dem Denken nicht gegeben. Das Denken kann niemals ein psychologisches Problem lösen. Wie klug, wie geschickt, wie gelehrt es auch sein mag, was das Denken auch durch Wissenschaft, durch ein Elektronengehirn, durch Zwang oder Notwendigkeit erzeugen mag, der Gedanke ist niemals neu und kann daher niemals eine brennende Frage beantworten. Das alte Gehirn kann das gewaltige Problem des Lebens nicht lösen.

Das Denken ist unredlich, weil es alles erfinden und Dinge sehen kann, die gar nicht da sind. Es kann die ungewöhnlichsten Winkelzüge machen, und daher darf man ihm nicht vertrauen. Aber wenn Sie das Denken in seiner gesamten Struktur verstehen, wenn Sie sehen, wie Sie denken, warum Sie denken, welche Worte Sie gebrauchen, in welcher Art Sie sich in Ihrem täglichen Leben benehmen, wie Sie zu den Menschen sprechen, wie Sie die Menschen behandeln, wie Sie gehen, wie Sie essen — wenn Sie dieser Dinge gewahr sind, dann wird Sie Ihr Geist nicht betrügen, dann gibt es nichts, das zu betrügen wäre. Dann gibt es keinen Geist, der fordert, der unterjocht; er wird außerordentlich ruhig, beweglich, einfühlsam, steht allein, und in diesem Zustand gibt es keine Täuschung mehr.

Haben Sie je bemerkt, daß, wenn Sie sich in einem Zustand vollkommener Aufmerksamkeit befinden, der Beobachter, der Denker, das Zentrum, das Ich aufhört zu bestehen? In diesem Zustand der Achtsamkeit beginnt das Denken dahinzuschwinden.

Wenn man den Wunsch hat, etwas klar zu sehen, muß der Geist sehr ruhig sein, ohne Vorurteile, ohne Geschwätz, ohne Zwiegespräch, ohne Vorstellungen und Bilder — das alles muß beiseite getan werden, damit man schauen kann. Und nur im Schweigen können Sie den Beginn des Denkens beobachten — nicht wenn Sie suchen, Fragen stellen, auf Antwort warten. Nur wenn Sie vollkommen ruhig sind, bis in die Tiefe Ihres Seins, und die Frage gestellt haben, ›Was ist der Anfang des Denkens?‹, werden Sie aus diesem Schweigen heraus wahrnehmen, wie der Gedanke Gestalt annimmt.

Wenn wir wahrnehmen, wie der Gedanke beginnt, dann besteht keine Notwendigkeit, das Denken zu kontrollieren. Wir verbringen sehr viel Zeit damit und verschwenden viel Energie — nicht nur in der Schule —, wenn wir versuchen, unser Denken zu kontrollieren. ›Das ist ein guter Gedanke, ich muß über ihn viel nachdenken. Das ist ein häßlicher Gedanke, ich muß ihn unterdrücken.‹ Ständig kommt es zum Kampf zwischen einem Gedanken und einem anderen, zwischen einem Wunsch und einem anderen, einem Vergnügen, das alle anderen übertrifft. Aber wenn wir klar bewußt den Anfang des Denkens wahrnehmen, dann gibt es im Denken keinen Widerspruch mehr.

Wenn Sie nun eine Behauptung hören, wie zum Beispiel ›Der Gedanke ist immer alt‹, oder ›Zeit ist Leid‹, fängt das Denken an zu deuten und auszulegen. Aber Auslegung und Erklärung basieren auf dem gestrigen Wissen und vergangener Erfahrung; daher werden Sie unvermeidlich alles nach Ihrer Voreingenommenheit auslegen. Wenn Sie jedoch diese Aussagen betrachten und sie nicht erklären, ihnen aber Ihre vollkommene Aufmerksamkeit zuwenden (nicht Konzentration), werden Sie entdecken, daß es weder den Beobachter noch das Beobachtete gibt, weder den Denker noch den Gedanken. Sagen Sie nicht, ›Was war zuerst?‹; das ist ein geistreiches Argument, das nirgendwo hinführt. Sie können es in sich selbst beobachten: Solange kein Gedanke da ist — was nichts mit Gedächtnisschwund und Hohlheit zu tun hat —, solange keine Gedanken bestehen, die aus der Erinnerung, der Erfahrung, dem Wissen abgeleitet sind und die alle der Vergangenheit angehören, gibt es überhaupt keinen Denker. Das ist keine philosophische oder mystische Angelegenheit. Wir beschäftigen uns hier mit wirklichen Tatsachen, und wenn Sie auf Ihrer Reise so weit gekommen sind, werden Sie sehen, daß Sie einer Herausforderung nicht mehr mit dem alten Gehirn, sondern auf eine völlig neue Art antworten.

Das Schweigen

Das Leben, das wir im allgemeinen führen, kennt kaum ein Alleinsein. Selbst wenn wir allein sind, wird es bedrängt von so vielen Einflüssen, so vielem Wissen, so vielen Erinnerungen und Erfahrungen, von so viel Angst, Elend und Konflikt, daß unser Geist immer stumpfer, immer gefühlloser wird und in eine monotone Routine verfällt. Sind wir jemals allein? Oder tragen wir alle Lasten von gestern mit uns herum?

Es gibt eine recht hübsche Geschichte von zwei Mönchen, die von Dorf zu Dorf wandern und dabei einem jungen Mädchen begegnen, das am Flußufer sitzt und weint. Einer der Mönche geht zu ihr und sagt, ›Schwester, worüber weinst Du?‹; sie antwortet: ›Sehen Sie das Haus dort drüben auf der anderen Seite des Flusses? Ich kam heute am frühen Morgen herüber und hatte keine Mühe, den Fluß zu durchwaten; aber nun ist das Wasser angestiegen, und ich kann nicht mehr zurück; es ist kein Boot da.‹ ›Oh‹, sagt der Mönch, ›das ist gar kein Problem‹, und er hebt das Mädchen auf, trägt es über den Fluß und läßt es auf der anderen Seite zurück. Die beiden Mönche gehen zusammen weiter. Nach einigen Stunden sagt der andere Mönch: ›Bruder, wir haben ein Gelübde abgelegt, niemals eine Frau zu berühren. Was Du getan hast, ist eine furchtbare Sünde. War es nicht ein Vergnügen für Dich, ein aufregendes Ereignis, eine Frau zu berühren?‹ Der andere

Mönch erwidert: ›Bereits vor zwei Stunden habe ich sie hinter mir gelassen, Du aber trägst sie immer noch mit Dir herum.‹

Genau das tun wir. Wir schleppen ständig unsere Lasten mit uns herum; wir geben sie nie preis, wir lassen sie nie hinter uns. Nur wenn wir einem Problem unsere volle Aufmerksamkeit zuwenden und es augenblicklich lösen — es nicht auf den nächsten Tag, auf die nächste Minute mit hinübernehmen —, dann ist innere Abgeschiedenheit da. Dann sind wir, selbst wenn wir in einem überfüllten Hause leben oder in einem Bus sitzen, innerlich allein. Und dieses Alleinsein verrät einen frischen Geist, einen unschuldigen Geist.

Es ist sehr wichtig, innere Abgeschiedenheit, inneren Raum zu haben; denn das bedeutet, in der Freiheit zu leben, unbelastet zu sein, zu wirken, schwerelos zu sein. Schließlich kann Güte nur im weiten Raum zur Blüte kommen, ebenso wie sich Tugend nur in der Freiheit entfalten kann. Wir mögen politische Freiheit haben, aber innerlich sind wir nicht frei, und darum haben wir keine innere Weite. Keine Tugend, nichts Wertvolles kann ohne diesen weiten Raum in uns wirken oder wachsen. Raum und Schweigen sind notwendig, denn nur wenn der Geist allein ist, unbeeinflußt, ungedrillt, nicht durch die unendliche Vielfalt der Erfahrungen gebunden, kann er etwas völlig Neuem begegnen.

Man kann es deutlich wahrnehmen, daß nur in einem stillen Geist Klarheit möglich ist. Der ganze Zweck der Meditation im Osten liegt darin, einen solchen Zustand hervorzubringen, das heißt, die Gedanken zu beherrschen. Das gleiche geschieht, wenn man, um den Geist zu beruhigen, ständig ein Gebet wiederholt, wobei man hofft, in diesem Zustand die eigenen Probleme verstehen zu können. Aber solange man nicht die Grundlage schafft, das heißt, frei ist von der Furcht, frei vom Leid, von der Angst und den vielen Fallen, die man sich selbst stellt, sehe ich keine Möglichkeit für den Menschen, wirklich ruhig zu sein. Es gehört zu den schwierigsten Dingen, das verständlich zu machen. Verständigung zwischen uns bedeutet, daß Sie nicht nur die Worte verstehen müssen, die ich gebrauche, sondern daß wir beide, Sie und ich, zur gleichen Zeit — nicht einen Augenblick später oder einen Augenblick früher — intensiv beteiligt und fähig sind, einander auf der gleichen Ebene zu begegnen. Und eine solche Verständigung ist nicht möglich, wenn Sie das, was Sie lesen, nach Ihrem eigenen Wissen und Gefallen oder nach Ihren Ansichten interpretieren, oder wenn Sie sich sehr anstrengen müssen, um es zu begreifen.

Der ständige Kampf, um etwas zu erreichen, zu erlangen, zu erwerben, scheint mir eines der größten Hindernisse im Leben zu sein. Wir werden von Kindheit an darin geschult, zu erwerben und ein Ziel zu erreichen. Die Gehirnzellen selbst entwickeln diese Leistungs-Schablone in dem Verlangen nach physischer Sicherheit; aber psychologische Sicherheit ist auf dieser Ebene nicht zu finden. Wir verlangen nach Sicherheit in allen unseren Beziehungen, in allen Lebenslagen und Tätigkeiten. Doch wie wir gesehen haben, gibt es in Wirklichkeit gar nicht so etwas wie Sicherheit. Wenn man selbst entdeckt, daß es in keiner menschlichen Beziehung Sicherheit gibt, wenn man erkennt, daß im psychologischen Bereich nichts beständig ist, vermittelt das eine völlig andere Einstellung zum Leben. Es ist natürlich notwendig, äußere Sicherheit zu haben — Obdach, Kleidung, Nahrung —, aber diese äußere Sicherheit wird durch das Verlangen nach innerer Sicherheit zerstört.

Raum und Stille sind notwendig, um über die Begrenzung des Bewußtseins hinauszugelangen. Aber wie kann ein Mensch ruhig sein, der aus Eigennutz unaufhörlich tätig ist? Man kann den Geist disziplinieren, ihn kontrollieren, ihn formen; aber eine solche Marter macht ihn nicht ruhig, sondern stumpft ihn nur ab. Das bloße Streben nach dem Idealzustand eines ruhigen Geistes ist offensichtlich wertlos, denn je mehr Sie ihn erzwingen wollen, um so begrenzter und träger wird der Geist. Zwang und Kontrolle in jeder Form, wie zum Beispiel durch Unterdrückung, erzeugt nur Konflikte. So sind Kontrolle und äußere Disziplin nicht der Weg, und auch ein undiszipliniertes Leben hat keinen Wert.

Unser Leben verläuft äußerlich meist diszipliniert, weil die Gesellschaft, die Familie, das eigene Leid, die eigene Erfahrung es erfordern, weil wir uns einer bestimmten ideologischen oder nun einmal vorhandenen Schablone anpassen. Diese Form der Disziplin stumpft jedes Gefühl ab. Disziplin muß ohne Kontrolle, ohne Unterdrückung, ohne jede Art von Furcht sein. Wie kann man zu dieser Disziplin kommen? Es ist nicht zuerst Disziplin da und dann die Freiheit; Freiheit steht am Anfang und nicht am Ende. Diese Freiheit zu verstehen, die uns von jener Disziplin befreit, die das Ergebnis der Anpassung ist, ist selbst Disziplin. Im Lernen liegt Disziplin (das Wort Disziplin bedeutet seinem Ursprung nach Lernen);

der Akt des Lernens an sich führt zur Einsicht. Es ist größte Aufmerksamkeit erforderlich, wenn wir Dinge wie Kontrolle, Unterdrückung und Duldung ihrem Wesen und ihrer Struktur nach ganz verstehen wollen. Sie müssen sich keine Disziplin auferlegen, um das zu prüfen, vielmehr bringt das Prüfen selbst seine eigene Disziplin hervor, in der es keine Unterdrückung gibt.

Um die Autorität abzulehnen — wir sprechen von der inneren Autorität, nicht von der des Gesetzes —, um die Autorität aller religiösen Organisationen, der Tradition und Erfahrung abzulehnen, muß man erkennen, warum man normalerweise gehorcht; man muß es aufmerksam untersuchen. Das kann man nur, wenn man frei ist von Verdammung, Rechtfertigung, von Meinungen und Billigung. Wir können nicht die Autorität anerkennen und sie dennoch untersuchen — das ist unmöglich. Um das psychologische Gefüge der Autorität in uns zu untersuchen, müssen wir Freiheit haben. Wenn wir sie richtig untersuchen, verwerfen wir ihre ganze Struktur; und wenn wir das tun, ist diese Verneinung die Einsicht eines Geistes, der frei von Autorität ist. Alles zu verneinen, was als wertvoll betrachtet wurde, zum Beispiel äußere Disziplin, Führerschaft, Idealismus, bedeutet, es zu untersuchen; dann ist diese Untersuchung nicht nur Disziplin, sondern Verneinung. Und diese Absage ist eine positive Handlung. Wir verneinen also alle diese Dinge, die zur Beruhigung des Geistes für wichtig gehalten werden.

So sehen wir also, daß Kontrolle nicht zur inneren Ruhe führt und daß der Geist auch nicht ruhig ist, wenn ihn ein Objekt so fesselt, daß er sich daran verliert. Das ist ebenso, als wenn man einem Kind ein interessantes Spielzeug gibt; es wird ruhig. Aber nehmen Sie ihm das Spielzeug wieder fort, dann treibt es wieder den alten Unfug. Wir haben alle unser Spielzeug, das uns ganz in Anspruch nimmt, und glauben, daß wir ruhig sind. Wenn sich der Mensch aber einer bestimmten Art von Tätigkeit widmet — einer wissenschaftlichen, literarischen Arbeit oder was es sonst sein mag —, dann absorbiert ihn das Spielzeug nur, in Wirklichkeit ist er aber durchaus nicht ruhig.

Das einzige Schweigen, das wir kennen, ist die Ruhe, die eintritt, wenn die Geräusche aufhören, wenn die Gedanken aufhören — aber das ist kein wahres Schweigen. Schweigen ist etwas gänzlich anderes — der Schönheit gleich oder der Liebe; und dieses Schweigen ist nicht das Ergebnis eines ruhigen Geistes, es ist nicht das Produkt der Gehirnzellen, die das Ganze durchschaut haben und sagen, ›Um Gottes willen, sei ruhig.‹ Dann erzeugen die Gehirnzellen selbst das Schweigen, und das ist kein Schweigen. Schweigen wird auch nicht durch Aufmerksamkeit verursacht, bei der der Beobachter das Beobachtete ist; dann gibt es zwar keine Reibung, aber das ist kein Schweigen.

Sie warten darauf, daß ich Ihnen beschreibe, was dieses Schweigen ist, so daß Sie es vergleichen, interpretieren, davontragen und begraben können. Es kann nicht beschrieben werden. Nur das Bekannte kann beschrieben werden, und Freiheit von dem Bekannten kann nur entstehen, wenn wir uns jeden Tag von dem Bekannten loslösen, von den Kränkungen, den Schmeicheleien, von allen Bildern, die wir uns gemacht haben, von allen Erfahrungen — uns jeglichen Tag davon lösen, so daß die Gehirnzellen selbst frisch, jung, unschuldig werden. Aber diese Unschuld, diese Frische, diese Zartheit und Güte bringt keine Liebe hervor; sie ist nicht die Schönheit, sie ist nicht das Schweigen.

Dieses Schweigen, das nicht im Aufhören der Geräusche liegt, ist nur ein kleiner Anfang. Es ist so, als ob wir durch eine schmale Öffnung zu einem ungeheuer weiten, ausgedehnten Ozean gelangen, in einen unermeßlichen zeitlosen Zustand. Aber das können Sie nicht verstehen, solange Sie nicht die gesamte Struktur des Bewußtseins und die Bedeutung von Freude, Leid und Verzweiflung verstanden haben und die Gehirnzellen ruhig geworden sind. Dann vielleicht mögen Sie auf jenes Mysterium treffen, das Ihnen niemand enthüllen kann und das durch nichts zerstört werden kann. Ein lebendiger Geist ist ein stiller Geist, ein lebendiger Geist ist ohne Zentrum und daher frei von Raum und Zeit. Solch ein Geist ist unbegrenzt, und das ist die einzige Wahrheit, das ist die einzige Wirklichkeit.

Erfahrung

Wir alle wünschen uns Erfahrungen irgendwelcher Art — mystische Erfahrung, religiöse Erfahrung, sexuelle Erfahrung, das Erlebnis, viel Geld, Macht, Rang und Vorherrschaft zu besitzen. Wenn wir älter werden, mögen wir unsere körperlichen Gelüste aufgegeben haben, aber dann verlangen wir nach ausgedehnteren, tieferen, bedeutungsvolleren Erfahrungen und erproben die verschiedensten Mittel, um sie zu erlangen, zum Beispiel unser Bewußtsein auszuweiten, was eine ausgesprochene Kunst ist, oder wir nehmen Rauschmittel verschiedener Art. Das ist ein alter Trick aus uralten Zeiten — ein Stück von einem Blatt zu zerkauen oder das neueste chemische Präparat zu erproben, um dadurch eine vorübergehende Veränderung der Gehirnzellen zu erreichen, eine größere Sensitivität und erhöhte Wahrnehmung, die uns den trügerischen Schein der Realität vermitteln. Dieses Verlangen nach immer mehr Erfahrungen verrät die innere Armut des Menschen. Wir glauben, daß wir durch Erfahrungen uns selbst entrinnen können; aber diese Erfahrungen sind durch das begrenzt, was wir tatsächlich sind. Wenn der Mensch nichtssagend, eifersüchtig, ängstlich ist, mag er das neueste Rauschmittel einnehmen, aber er wird doch nur seine eigene kleine Welt sehen, seine eigenen unbedeutenden Projektionen, die seinem bedingten Hintergrund entstammen.

Die meisten Menschen verlangen nach bleibenden Erfahrungen, die sie völlig befriedigen, und die durch das Denken nicht zerstört werden können. Hinter dem Verlangen nach Erfahrung liegt also der Wunsch nach Befriedigung; das Verlangen nach Befriedigung bestimmt die Erfahrung, und darum müssen wir nicht nur alles verstehen, was mit dem Verlangen nach Befriedigung zusammenhängt, sondern auch das, was erfahren wird. Tiefe Befriedigung zu erleben ist ein großer Genuß. Je bleibender, tiefer und weiter die Erfahrung ist, um so wohltuender ist sie. So diktiert also unser Verlangen nach Wohlsein die Art der Erfahrung, die wir zu erlangen suchen. Der Genuß ist der Maßstab, nach dem wir die Erfahrung messen. Alles Meßbare liegt in den Grenzen des Denkens und ist geeignet, Illusionen zu schaffen. Sie können erstaunliche Erlebnisse haben und doch vollkommen irregeführt sein. Sie werden zwangsläufig nur Visionen haben, die Ihrer Voreingenommenheit entsprechen. Sie werden Christus oder Buddha sehen oder an wen Sie sonst zufällig glauben, und je größer Ihr Glaube, um so stärker werden Ihre Visionen, die Projektionen Ihrer eigenen Wünsche und Triebe sein.

Wenn Sie also etwas Fundamentales suchen, zum Beispiel die

Wahrheit, und dabei den Genuß als Maßstab nehmen, haben Sie bereits das projiziert, was Sie erleben werden, und diese Erfahrung hat dann keine Gültigkeit mehr.

Was verstehen wir unter Erfahrung? Liegt darin irgend etwas Neues oder Ursprüngliches? Erfahrung ist ein Bündel von Erinnerungen, die auf eine Herausforderung antworten. Die Erfahrung kann nur entsprechend ihrem Hintergrund antworten, und je geschickter Sie darin sind, die Erfahrung zu deuten, um so mehr Antworten erhalten Sie. So müssen Sie nicht nur die Erfahrung eines anderen in Zweifel ziehen, sondern auch Ihre eigene. Wenn Sie eine Erfahrung nicht als solche erkennen, ist es gar keine Erfahrung. Jede Erfahrung ist bereits erfahren worden, sonst würden Sie sie nicht erkennen. Sie anerkennen eine Erfahrung als gut, schlecht, schön, heilig und so fort gemäß Ihrer Voreingenommenheit, und darum ist das, was für Sie Erfahrung ist, zwangsläufig das Vergangene.

Wenn wir danach verlangen, die Realität zu erleben — was wir alle tun, nicht wahr? —, müssen wir sie, um sie zu erfahren, kennen; und in dem Augenblick, da wir sie erkennen, haben wir sie bereits projiziert, und daher ist sie nicht wahrhaft und echt, weil sie noch im Bereich des Denkens und der Zeit liegt. Wenn der Gedanke in der Lage ist, über die Realität nachzudenken, kann es keine Realität sein. Wir können nicht eine neue Erfahrung wiedererkennen. Es ist unmöglich. Wir erkennen nur etwas wieder, das wir bereits gekannt haben; und wenn wir sagen, daß wir eine neue Erfahrung gehabt haben, ist sie nicht neu. Wenn wir weitere Erfahrungen durch Ausdehnung des Bewußtseins suchen, wie es durch verschiedene psychodelische Drogen getan wird, liegen diese Erfahrungen noch im Bereich des Bewußtseins und sind darum sehr begrenzt.

So haben wir als eine fundamentale Wahrheit entdeckt, daß ein Mensch, der nach ausgedehnteren und tieferen Erfahrungen sucht und nach ihnen verlangt, sehr oberflächlich und stumpfsinnig ist, weil er immer mit seinen Erinnerungen lebt.

Was würde nun mit uns geschehen, wenn wir überhaupt keine Erfahrung hätten? Wir sind von Erfahrungen, von Herausforderungen abhängig, um uns wach zu halten. Wenn es in uns keine Konflikte, keine Veränderungen, keine Störungen gäbe, würden wir alle fest schlafen. So sind Herausforderungen für die meisten von uns notwendig. Wir glauben, daß unser Geist ohne sie stumpfsinnig und schwerfällig werden würde, und darum sind wir von Herausforderungen, von Erfahrungen abhängig, die uns mehr Anreiz, größere Intensität geben, die unseren Geist schärfen sollen. Aber diese Abhängigkeit von Herausforderungen und Erfahrungen, die uns wach halten sollen, macht unseren Geist tatsächlich nur stumpfer; in Wirklichkeit werden wir dadurch überhaupt nicht wach gehalten.

So frage ich mich, ob es möglich ist, mich völlig wachzuhalten, nicht peripherisch an einigen Punkten meines Seins, sondern völlig wach, ohne daß es einer Herausforderung oder Erfahrung bedarf. Dazu gehört große Sensibilität, sowohl im Körperlichen wie im Seelischen; es bedeutet, daß ich von jedem Verlangen frei sein muß; denn in dem Augenblick, da ich fordere, werde ich erfahren. Um vom Verlangen und seiner Befriedigung frei zu sein, ist es notwendig, daß ich mich selbst erforsche und die Natur des Verlangens verstehe.

Verlangen wird aus der Dualität geboren: ›Ich bin unglücklich, und ich muß glücklich sein.‹ In diesem Verlangen, daß ich glücklich sein muß, liegt das Unglück. Wenn man eine Anstrengung macht, um gut zu sein, ist in dieser Güte ihr Gegensatz, das Böse enthalten. Alles, was man bejaht, enthält seinen Gegensatz, und die Anstrengung, diesen Zwiespalt zu überwinden, verstärkt das, wogegen gekämpft wird. Wenn Sie nach einer Erfahrung der Wahrheit oder Realität verlangen, wird dieses Verlangen aus Ihrer Unzufriedenheit mit dem, was ist, geboren, und daher erzeugt dieses Verlangen den Gegensatz. Und der Gegensatz enthält das, was gewesen ist. Man muß also von diesem unaufhörlichen Verlangen frei sein, sonst wird das Band der Dualitäten kein Ende nehmen. Das bedeutet, sich selbst so vollkommen zu kennen, daß der Geist nicht länger sucht.

Solch ein Mensch verlangt nicht mehr nach Erfahrung; er kann keine Herausforderung herbeiwünschen, er weiß um keine Herausforderung. Er sagt nicht mehr, ›Ich schlafe‹, oder ›Ich bin wach.‹ Er ist vollkommen das, was er ist. Nur der enttäuschte, enge, oberflächliche Geist sucht in seiner Beschränktheit immer nach dem »Mehr«. Ist es nun möglich, in dieser Welt ohne das »Mehr« zu leben — ohne dieses ständige Vergleichen? Sicherlich ist es möglich! Aber man muß es selbst herausfinden.

Dieses ganze Problem zu erforschen ist Meditation. Man ist mit diesem Wort sowohl im Osten wie im Westen in einer höchst unglücklichen Weise umgegangen. Es gibt verschiedene Meditationsschulen, verschiedene Methoden und Systeme. Es gibt Systeme, die sagen, ›Beobachte die Bewegung Deiner großen Zehe, beobachte sie, beobachte sie, beobachte sie.‹ Es gibt andere Systeme, die empfehlen in einer ganz bestimmten Haltung zu sitzen, regelmäßig zu atmen oder Bewußtheit zu üben. Das alles ist äußerst mechanisch. Eine andere Methode gibt Ihnen ein bestimmtes Wort mit dem Hinweis, daß Sie eine ungewöhnliche transzendentale Erfahrung haben werden, wenn Sie es ständig wiederholen. Das ist reiner Unsinn. Es ist eine Art von Selbsthypnose. Wenn Sie das Wort Amen oder Om oder Coca-Cola unaufhörlich wiederholen, werden Sie gewiß eine bestimmte Erfahrung haben, weil Ihr Geist durch die Wiederholung ruhig wird. Es ist ein wohlbekanntes Phänomen, das seit Jahrtausenden in Indien praktiziert worden ist — Mantra-Yoga wird es genannt. Durch Wiederholung können Sie bewirken, daß der Geist freundlich und sanft wird, aber er bleibt ein kleinlicher, minderwertiger, unbedeutender Geist. Sie mögen ebensogut einen Zweig, den Sie im Garten aufgelesen haben, auf den Kaminsims legen und ihm jeden Tag eine Blume opfern. Nach einem Monat werden Sie ihn anbeten, und wenn Sie es versäumen, eine Blume davor niederzulegen, wird es zu einer Sünde werden.

Meditation heißt nicht, einem System zu folgen; sie besteht nicht in ständiger Wiederholung und Nachahmung. Meditation ist keine Konzentration. Es ist eine der Lieblingsmethoden einiger Meditationslehrer, darauf zu bestehen, daß ihre Schüler zunächst Konzentration erlernen — das bedeutet, den Geist auf einen Gedanken zu fixieren und alle anderen Gedanken zu vertreiben. Das ist höchst stumpfsinnig und häßlich; jeder Schuljunge kann das, weil er dazu gezwungen wird. Es bedeutet, daß Sie sich ständig im Kampf befinden zwischen der Beharrlichkeit einerseits, mit der Sie sich konzentrieren müssen, und Ihrem Geist andererseits, der zu allen möglichen Dingen abirrt. Worauf es allein ankommt, ist, daß Sie vor jeglicher Regung Ihres Geistes achtsam sein sollten, wo immer er auch herumwandern mag. Wenn sich Ihr Geist verliert, bedeutet es, daß Sie an etwas anderem interessiert sind.

Meditation verlangt einen erstaunlich wachen Geist. Medita… ist das Verstehen des Lebens in seiner Ganzheit; jede Art der Ze… splitterung hat in diesem Zustand aufgehört. Meditation ist keine Gedankenkontrolle, denn wenn das Denken kontrolliert wird, erzeugt es im Menschen Konflikt. Aber wenn Sie die Struktur und den Ursprung des Denkens verstehen, worüber wir bereits gesprochen haben, dann wird sich das Denken nicht einmischen. Dieses Verstehen der Denkstruktur ist an sich Disziplin, und das ist Meditation.

Meditation bedeutet, eines jeden Gedankens, eines jeden Gefühls gewahr zu sein, niemals zu sagen, sie seien richtig oder falsch, sondern sie einfach zu beobachten und ihnen nachzugehen. In diesem Betrachten beginnen Sie alle Regungen des Denkens und Fühlens zu verstehen. Und aus diesem Gewahrsein erwächst das Schweigen. Ein Schweigen, das vom Denken zustande gebracht wurde, ist Stagnation, ist unfruchtbar; aber das Schweigen, das entsteht, wenn das Denken seinen eigenen Anfang, sein eigentliches Wesen verstanden hat, wenn es begriffen hat, daß alles Denken niemals ungebunden ist, sondern immer mit der Vergangenheit beladen ist — dieses Schweigen ist Meditation, in der es keinen Meditierenden gibt. Der Mensch hat in diesem Zustand die Vergangenheit aus sich entlassen.

Wenn Sie dieses Buch eine Stunde lang aufmerksam gelesen haben, ist das Meditation. Wenn Sie nur ein paar Worte mitgenommen und ein paar Ideen gesammelt haben, um darüber später nachzudenken, dann ist das keine Meditation mehr. Meditation ist ein Zustand des Geistes, der auf alles mit vollkommener Aufmerksamkeit schaut, der das Ganze betrachtet und nicht nur Teile. Und niemand kann es Sie lehren, achtsam zu sein. Wenn irgendein System Sie lehrt, wie Sie achtsam sein können, dann wenden Sie dem System Ihre Achtsamkeit zu, und das ist keine Achtsamkeit. Meditation ist eine der größten Lebenskünste, vielleicht die größte, und man kann sie unmöglich von jemandem erlernen; darin liegt ihre Schönheit. Sie hat keine Technik und daher keine Autorität. Wenn Sie sich selbst kennenlernen, sich selbst beobachten, sich betrachten, wie Sie gehen, wie Sie essen, was Sie sagen, das Geschwätz, den Haß, die Eifersucht — wenn Sie das alles in sich ohne jede Rangfolge wahrnehmen, ist das Teil der Meditation.

So können Sie meditieren, wenn Sie in einem Bus sitzen oder

… n Wald voller Licht und Schatten wandern oder dem … r Vögel zuhören oder in das Gesicht Ihrer Frau oder … s blicken.

… on zu verstehen heißt zu lieben, und Liebe ist nicht das Produkt von Systemen, von Gewohnheiten; sie wird nicht durch das Befolgen einer Methode erzeugt. Liebe kann nicht durch Denken entwickelt werden. Liebe kann vielleicht im vollkommenen Schweigen entstehen, in einer Stille, in der der Meditierende gänzlich fehlt. Und der Geist kann nur still sein, wenn er die Regungen seines Denkens und Fühlens versteht. Um diese Regungen zu verstehen, dürfen wir sie nicht verurteilen, während wir sie beobachten. In dieser Weise zu betrachten, ist wahre Disziplin, und diese Art der Disziplin ist beweglich, frei, es ist nicht die Disziplin der Gleichförmigkeit.

Religiöse Revolution — Leidenschaft

In diesem ganzen Buch haben wir uns damit beschäftigt, wie wir in uns und damit in unserem Leben eine totale Revolution hervorbringen können, die nichts mit der bestehenden Gesellschaftsordnung zu tun hat. Die heutige Gesellschaft ist etwas Erschreckendes mit ihren endlosen Aggressionskriegen, ganz gleich ob diese Aggression defensiv oder offensiv ist. Was uns nottut, ist etwas völlig Neues — eine Revolution, eine Mutation in der Seele. Das alte Gehirn kann unmöglich die Probleme der menschlichen Beziehungen lösen. Das alte Gehirn ist asiatisch, europäisch, amerikanisch oder afrikanisch. So fragen wir uns, ob es möglich ist, eine Mutation unmittelbar in den Gehirnzellen hervorzubringen.

Wir wollen uns jetzt, da wir uns besser verstehen, noch einmal fragen, ob es für einen Menschen, der ein normales Alltagsleben in dieser brutalen, gewalttätigen, unbarmherzigen Welt führt — einer Welt, die immer tüchtiger wird und daher immer unbarmherziger —, ob es für ihn möglich ist, eine Revolution zu vollbringen — nicht nur in seinen äußeren Beziehungen, sondern in dem Gesamtbereich seines Denkens und Fühlens, seiner Handlungen und Reaktionen.

Jeden Tag sehen oder lesen wir von schrecklichen Dingen, die in der Welt als Auswirkungen menschlicher Gewalttätigkeit geschehen. Sie mögen sagen, ›Ich kann dagegen nichts tun‹, oder ›Wie kann ich die Welt beeinflussen.‹ Ich glaube, daß Sie die Welt ungeheuer beeinflussen können, wenn Sie innerlich nicht gewalttätig sind, wenn Sie täglich wirklich ein friedvolles Leben führen, ein Leben, das ohne Wettkampf, Ehrgeiz, Neid ist, ein Leben, das keine Feindschaft erzeugt. Kleine Flammen können zum lodernden Feuer werden. Durch unser egozentrisches Tun, durch unsere Vorurteile, unseren Haß, unseren Nationalismus haben wir die Welt zu ihrem jetzigen chaotischen Zustand entwürdigt; und wenn wir sagen, daß wir nichts dagegen tun können, nehmen wir die Unordnung in uns selbst als unvermeidlich hin. Wir haben die Welt in Stücke zerrissen, und wenn wir selbst zerbrochen und zerstückelt sind, werden auch unsere Beziehungen zur Welt entsprechend sein. Aber wenn wir handeln und unsere Handlung eine vollkommene ist, dann vollzieht sich in unserer Beziehung zur Welt eine gewaltige Revolution.

Schließlich muß jede Bewegung, die der Mühe wert ist, jede Handlung, die von tiefer Bedeutung ist, bei uns selbst beginnen. Zuerst muß *ich* mich verwandeln, *ich* muß sehen, welcher Art meine Beziehung zur Welt ist — und in diesem *Sehen* liegt die *Handlung*. Dadurch gebe ich als Mensch, der in dieser Welt lebt, dem Leben eine ganz andere Qualität, und diese Qualität, so scheint es mir, ist das Kennzeichen des religiösen Menschen.

Der religiöse Mensch ist etwas ganz anderes als der Mensch, der einen religiösen Glauben hat. Sie können nicht religiös und zugleich ein Hindu, ein Moslem, ein Christ, ein Buddhist sein. Ein religiöser Mensch sucht überhaupt nicht, er kann nicht mit der Wahrheit experimentieren. Wahrheit wird nicht durch Ihre Freude oder Ihr Leid bestimmt oder durch Ihr Bedingtsein als Hindu oder welcher Religion Sie sonst angehören mögen. Im geistigen Zustand des religiösen Menschen gibt es keine Furcht und daher keinerlei Glauben, sondern nur das, *was ist — was tatsächlich ist*.

Der religiöse Mensch ist in jenem Zustand des Schweigens, den wir bereits erforscht haben und der nicht durch das Denken hervorgebracht wird, sondern der das Ergebnis unmittelbarer Wahrnehmung ist, das heißt einer Meditation, in der der Meditierende gänzlich fehlt. In diesem Schweigen liegt eine Energie, in der es keinen

Konflikt gibt. Energie ist Handlung und Bewegung. Alle Handlung ist Bewegung, und alle Handlung ist Energie. Jeder Wunsch ist Energie. Jedes Gefühl ist Energie. Alles Denken ist Energie. Alles Leben ist Energie. Wenn diese Energie ohne jeden Widerstand, ohne jede Reibung, ohne jeden Konflikt dahinströmen kann, dann ist sie grenzenlos, ohne Ende. Wenn keine Reibung da ist, gibt es für die Energie keine Grenzen; durch Reibungen werden der Energie Beschränkungen auferlegt. Wenn der Mensch das einmal eingesehen hat, warum hemmt er dann noch weiterhin seine Energie? Warum erzeugt er in dieser Bewegung, die wir Leben nennen, Reibung? Ist reine Energie, grenzenlose Energie, für ihn nur eine Idee? Hat sie keine Wirklichkeit?

Wir brauchen Energie nicht nur, um eine totale Revolution in uns hervorzubringen, sondern auch, um zu forschen, zu schauen, zu handeln. Und solange es in irgendeiner unserer Beziehungen Mißhelligkeiten irgendwelcher Art gibt, sei es zwischen Eheleuten, zwischen Mensch und Mensch, zwischen einer Gemeinschaft und einer anderen, einem Land und einem anderen oder einer Ideologie und einer anderen — solange es innere Reibung oder äußeren Konflikt in irgendeiner Form gibt, sie mögen noch so fein sein —, ist das eine Verschwendung von Energie.

Solange ein Zeitintervall zwischen dem Beobachter und dem Beobachteten besteht, erzeugt es Reibung und damit Energieverschwendung. Die Energie erreicht ihren Höhepunkt, wenn der Beobachter das Beobachtete ist und damit zwischen beiden kein Zeitintervall mehr besteht. Dann ist die vorhandene Energie ohne Motiv und wird zur reinen Handlung, weil dann kein »Ich« existiert.

Wir brauchen gewaltige Energie, um die Verwirrung zu verstehen, in der wir leben, und das Gefühl, ›ich muß verstehen‹, bringt auch die Vitalität hervor, um zu forschen. Aber zu forschen und zu suchen schließt Zeit ein, und wie wir gesehen haben, ist es nicht der richtige Weg, wenn wir den Geist allmählich von seiner Beschränkung und Voreingenommenheit befreien wollen. Zeit ist nicht der Weg. Ob wir alt oder jung sind, immer kann *jetzt,* im gegenwärtigen Augenblick der gesamte Lebensprozeß in eine andere Dimension gehoben werden. Wir gehen nicht den richtigen Weg, wenn wir das Gegenteil von dem, was wir sind, anstreben. Der Weg liegt auch nicht in der künstlichen Disziplin, die uns durch ein

System, einen Lehrer, einen Philosophen oder Priester auferlegt wird — das ist alles so kindisch.

Wenn wir das erkennen, fragen wir uns, ob es möglich ist, augenblicklich durch die uns seit Jahrhunderten belastenden Beschränkungen hindurchzubrechen, ohne in eine andere Voreingenommenheit zu geraten — ob es möglich ist, frei zu sein, so daß der Geist völlig frisch, feinfühlig, lebendig, bewußt, stark, leistungsfähig sein kann. Das ist unser Problem. Es gibt kein anderes; denn wenn der Geist neu und unverbraucht ist, kann er jedes Problem aufgreifen. Das ist die einzige Frage, die wir uns selbst stellen müssen.

Aber wir stellen sie nicht. Wir wünschen, daß man es uns sagt. Es gehört zu den Merkwürdigkeiten unserer inneren Veranlagung, daß wir alle diesen Wunsch haben, weil wir das Ergebnis der jahrtausendlangen Propaganda sind. Wir möchten, daß unser Denken durch einen anderen bestätigt und bekräftigt wird, hingegen eine Frage zu stellen bedeutet, daß wir sie uns selbst stellen. Was ich sage, hat wenig Wert. Sie werden es in dem Augenblick vergessen, da Sie dieses Buch schließen, oder Sie werden sich bestimmter Satzstellen erinnern und sie wiederholen, oder Sie werden das, was Sie hier gelesen haben, mit einem anderen Buch vergleichen — aber Sie werden nicht Ihr eigenes Leben vor Augen haben. Und darauf allein kommt es an — auf Ihr Leben, auf Sie, auf Ihre Nichtigkeit, Ihre Oberflächlichkeit, Ihre Brutalität, Ihre Gewalttätigkeit, Ihre Gier, Ihren Ehrgeiz, Ihre täglichen Schmerzen und ewigen Kümmernisse —, das alles müssen Sie verstehen, und niemand auf Erden oder im Himmel kann Ihnen das abnehmen; Sie müssen es selbst tun.

Wenn Sie alles sehen, was in Ihrem täglichen Leben vor sich geht, in Ihrem täglichen Tun — wenn Sie eine Feder aufheben, wenn Sie reden, wenn Sie ausfahren oder allein in den Wäldern spazierengehen —, können Sie dann mit einem Atemzug, mit einem Blick sich ganz einfach so sehen, wie Sie sind? Wenn Sie sich kennen, so wie Sie sind, dann verstehen Sie die ganze Struktur menschlichen Bemühens, seine Täuschungen, seine Heucheleien, sein Suchen. Um das zu ermöglichen, müssen Sie vor sich selbst, vor all Ihren Regungen von Grund aus ehrlich sein. Wenn Sie nach Prinzipien handeln, sind Sie unehrlich; denn wenn Ihre Handlung dem entspricht, was Sie glauben sein zu sollen, ist sie nicht der Ausdruck Ihres wahren Seinszustandes. Es ist etwas Brutales Ideale zu haben. Wenn Sie Ideale, Überzeugungen oder Prinzipien haben, können Sie sich selbst nicht unmittelbar sehen.

Können Sie nun vollkommen negativ, vollkommen ruhig sein, ohne zu denken oder sich zu fürchten und dennoch voll leidenschaftlichen Lebens sein?

Der Mensch, der aus Einsicht nicht mehr kämpfen kann, ist der wahre religiöse Mensch, und in diesem Zustand des Geistes mögen Sie dem begegnen, was Wahrheit oder Realität oder Glückseligkeit oder Gott oder Schönheit oder Liebe genannt wird. Es kann nicht eingeladen werden. Verstehen Sie bitte diese sehr einfache Tatsache. Es kann nicht eingeladen werden, man kann nicht danach suchen, weil der Verstand zu töricht, zu schwach ist, weil Ihre Gefühle zu minderwertig sind, Ihre Lebensart zu verwirrt ist, als daß dieses Gewaltige, dieses Unermeßliche in Ihr kleines Haus eingeladen werden könnte, in Ihren kleinen Lebenswinkel, der mit Füßen getreten und so schändlich behandelt worden ist. Sie können es nicht einladen. Um es einzuladen, müssen Sie es kennen, und Sie können es nicht kennen. Wenn jemand — es kommt nicht darauf an, wer es ist — sagt, ›Ich kenne es‹, kennt er es nicht. In dem Augenblick, da Sie sagen, daß Sie es gefunden haben, haben Sie es nicht gefunden. Wenn Sie sagen, daß Sie es erfahren haben, haben Sie es ganz und gar nicht erfahren. Das alles sind Methoden, um einen anderen Menschen auszubeuten — ob Freund oder Feind.

Man fragt sich nun, ob es möglich ist, auf dieses Eine zu treffen, ohne es einzuladen, ohne es zu erwarten, ohne es zu suchen, ohne danach zu forschen — es von ungefähr zu erleben wie einen erfrischenden Windhauch, der hereinströmt, wenn Sie das Fenster offen lassen. Sie können den Wind nicht einladen, aber Sie müssen das Fenster offen halten. Das bedeutet jedoch nicht, daß Sie in einem Zustand der Erwartung sind — das wäre eine andere Form der Täuschung. Es bedeutet nicht, daß Sie sich öffnen, um es zu empfangen — das wäre ein anderer Gedankengang.

Haben Sie sich je gefragt, warum die Menschen dieses Dinges ermangeln? Sie zeugen Kinder, sie haben Erotik und Zärtlichkeit, die Fähigkeit, an etwas gemeinsam in kameradschaftlicher, freundschaftlicher Verbundenheit teilzuhaben — warum aber haben sie das andere nicht erlangt? Haben Sie sich je überlegt, in aller Ruhe, gelegentlich eines Spazierganges durch eine schmutzige Straße oder in einem Bus sitzend oder während Ihrer Ferien an der See oder bei einem Spaziergang in einem Walde voller Vögel, Bäume, Ströme und frei herumlaufender Tiere — sind Sie nie auf den Gedanken gekommen, warum der Mensch, der seit Millionen von Jahren lebt, dieses Eine nicht erlangt hat, diese ungewöhnliche, nie welkende Blume? Wie kommt es, daß Sie als Mensch, der so begabt ist, so klug, so gescheit, so voller Eifer, der eine so erstaunliche Technik besitzt, der den Himmel erobert und unter die Erde geht und in die Tiefe des Meeres, der ungewöhnliche Elektronengehirne erfindet — wie kommt es, daß Sie dieses Eine, auf das es allein ankommt, nicht erlangt haben? Ich weiß nicht, ob Sie jemals ernsthaft der Frage ins Auge geschaut haben, warum Ihr Herz leer ist.

Was würden Sie antworten, wenn Sie diese Frage an sich richten — wie würde Ihre klare Antwort darauf sein, ohne Zweideutigkeit, ohne Verschlagenheit? Ihre Antwort würde der Kraft und der Eindringlichkeit entsprechen, mit der Sie diese Frage stellen. Aber Sie sind weder intensiv, noch ist es drängend für Sie, und darum besitzen Sie keine Energie, die Leidenschaft ist — und Sie können die Wahrheit nicht finden ohne Leidenschaft —, Leidenschaft, die voller Ungestüm ist, Leidenschaft, in der sich keine Wünsche verbergen. Leidenschaft kann furchterregend sein, denn wenn Sie voller Leidenschaft sind, wissen Sie nicht, wohin sie Sie bringen wird.

So ist Furcht vielleicht die Ursache, warum Sie nicht die Kraft dieser Leidenschaft besitzen, die es Ihnen ermöglicht herauszufinden, warum Ihnen Liebe dieser Art fehlt, warum diese Flamme nicht in Ihrem Herzen brennt. Wenn Sie Ihren Geist und Ihr Herz genau geprüft haben, werden Sie wissen, warum Sie sie nicht haben. Wenn Sie mit Leidenschaft dabei sind herauszufinden, warum Sie sie nicht besitzen, werden Sie erfahren, daß sie da ist! Nur durch vollkommene Verneinung, die die höchste Form der Leidenschaft ist, erwächst die Liebe. Wie die Demut können Sie auch die Liebe nicht heranzüchten. Demut stellt sich ein, wenn der Eigendünkel vollkommen aufhört — dann sind Sie sich Ihrer Demut nicht mehr bewußt. Ein Mensch, der zu wissen glaubt, was Demut ist, ist ein eitler Mensch. Wenn Sie mit Geist und Herz, mit Nerven und Augen, mit Ihrem ganzen Sein dabei sind, die Lebensart zu finden, die Sie sehen läßt, was tatsächlich ist, und wenn Sie darüber hinausgehen und ganz und gar das Leben verneinen, das Sie jetzt führen, entsteht in dieser Verneinung des Häßlichen, des Brutalen das andere. Und Sie werden sich auch dessen nicht bewußt sein. Ein Mensch, der sich seiner inneren Stille bewußt ist, der weiß, daß er liebt, weiß weder was Liebe noch was Schweigen ist.

Bitte beachten Sie
die folgenden Seiten:

Daisetz Taitaro Suzuki

Der westliche und der östliche Weg

Ullstein Buch 299

ein Ullstein Buch

Suzuki, internationale Autorität auf dem Gebiete des Zen-Buddhismus, untersucht in diesem Buch die mystischen Erfahrungen des Abendlandes am Beispiel Meister Eckharts und vergleicht sie mit den Aussagen östlicher Mystiker, wie sie vor allem von den Zen-Meistern und den Lehrern des Shin-Buddhismus aufgezeichnet werden. In tiefgreifenden Interpretationen mit einer Fülle von Zitaten weist er nach, daß sich östliche und westliche Mystik auf gemeinsamem Boden begegnen.

Paul Tillich

Wesen und Wandel des Glaubens

Ullstein Buch 318

ein Ullstein Buch

»Es gibt kaum ein Wort in der religiösen Sprache — weder in der theologischen noch in der populären —, das mehr Mißverständnissen, Verzerrungen und fragwürdigen Definitionen ausgesetzt ist als das Wort ›Glaube‹ . . . Wir müssen versuchen, das Wort neu zu interpretieren und die sinnentstellenden Nebenbedeutungen, die zum Teil jahrhundertealtes Erbe sind, auszuschalten. Es ist die Hoffnung des Verfassers, daß ihm wenigstens dies gelingen möge, auch wenn er sein eigentliches Ziel nicht erreichen sollte, nämlich einige Leser von der verborgenen Macht des Glaubens in ihnen selbst zu überzeugen . . .«
Aus dem Vorwort des Verfassers

Otto Friedrich Bollnow

Wesen und Wandel der Tugenden

Ullstein Buch 209

ein Ullstein Buch

In den Prägungen der Tugenden und ihrer Gegenspieler, der Laster, spricht sich am tiefsten aus, was eine Zeit am Menschen als groß und was sie als verächtlich empfindet. Der bekannte Tübinger Philosoph Bollnow versucht in der behutsamen Analyse der Tugenden — des Fleißes, der Bescheidenheit, der Besonnenheit und Gelassenheit, der Wahrhaftigkeit und Treue, der Gerechtigkeit u. a. — die verborgenen Grundlagen des sittlichen Lebens ans Licht zu heben und einen neuen Einblick in das unergründliche Wesen des Menschen zu finden.